Benno Hafenegger

Jugend-Gewalt

Benno Hafeneger

Jugend-Gewalt

Zwischen Erziehung, Kontrolle und Repression. Ein historischer Abriß

Westdeutscher Verlag

Der Westdeutsche Verlag ist ein Unternehmen
der Bertelsmann Fachinformation GmbH.

Umschlaggestaltung: Horst Dieter Bürkle, Darmstadt
Satz: ITS Text und Satz GmbH, Herford
Druck und buchbinderische Verarbeitung: Langelüddecke, Braunschweig
Gedruckt auf säurefreiem Papier
Printed in Germany

ISBN 3-531-12663-6

Inhalt

Einleitung

Die Diskussion über Jugend und Gewalt ist in der ersten Hälfte der neunziger Jahre in Medien, Politik, Gesellschaft und Wissenschaft durchaus vielschichtig und differenziert; die Thematisierung pendelt in Wirkung und Tendenz zwischen Verharmlosung und Dramatisierung. In den letzten Jahren wurden viele Beiträge zu aktuellen Phänomenen publiziert, es gibt jedoch nur wenige empirische Darstellungen zum „wirklichen" Ausmaß der verschiedenen Formen von jugendlicher Gewalt, und daneben ist durchgängig festzustellen: Die fehlende historische Perspektive und Reflexion der geradezu zyklischen (nicht zwangsläufigen) Wiederkehr von unterschiedlichen Formen von jugendlicher Gewalt und von „Gewaltdebatten" in Öffentlichkeit, Politik und Wissenschaft.[1]

1 Eine Ausnahme ist die Veröffentlichung von Ohder (1992); er gibt einen knappen Überblick zur Geschichte von „Jugend und Gewalt" und stellt die aktuell angebotenen jugendsoziologischen, kriminologischen und psychologischen Theorien vor.

Das Phänomen der jugendlichen Gewalt ist historisch nicht neu; es ist kontext- und situationsgebunden stets wiederholt aufgetreten und mit hoher öffentlicher Aufmerksamkeit bedacht worden. Dies bleibt aber in der gegenwärtigen Diskussion eher ausgeblendet, verdrängt und vergessen. Gesellschaft, Politik, Öffentlichkeit und Wissenschaft haben sich wiederholt mit „nonkonformen, abweichenden, protestförmigen, aggressiven, gewaltförmigen" Verhaltensweisen von Jugendlichen und mit Gruppen/Jugendkulturen befaßt, wenn sie außerhalb des gesellschaftlich und politisch sanktionierten Rahmens stattfanden und organisiert waren. Schon immer gab es Bemühungen, diese zu erklären und sie auch mit Pädagogik und Jugendarbeit zu „behandeln". Die Diskussion wird in der Geschichte vor allem unter den Begriffen „Jugendverwahrlosung, -gefährdung und -kriminalität; auffälliges, abweichendes, asoziales und normwidriges Verhalten" sowie den Gesellungsformen bzw. jugendkulturellen Gruppen wie „Banden/Gangs, Cliquen, Halbstarke, Rocker" geführt. Bezeichnungen wie „Strolch", „Stromer", „Lümmel", „Lausbub", „Flegel" „Störenfried" und „Rowdy" verweisen in der Geschichte von Jugend auf weitere Nuancen und Abstufungen von „flegelhaft-abweichenden, kulturell-nonkonformen Verhaltensmustern".[2] Die Jugendhilfe kann seit ihren

2 Rechtsgeschichtlich finden Verhaltensweisen wie „grober Unfug" oder „ruhestörender Lärm" z.B. als „Muthwilligen-Bu-

Anfängen auch als kontrollierend-repressiver Zugriff auf die Lebenswelten von „feindlichen" Kindern und Jugendlichen beschrieben werden; Banden, Cliquen und Horden sollten „zerschlagen" und durch „sinnvolle" gruppenpädagogische Angebote und Strukturen von Erwachsenen und hauptamtlichen Mitarbeitern abgelöst werden. Die „erzieherische Beeinflussung" und der „Zugriff auf die Jugend" wird im Rahmen von Angeboten wie Fürsorge-, Arbeitserziehung, Jugendstrafrecht/-arrest, aber auch im Feld von Jugendschutz, Beratung, Jugendhilfe/-pflege gesucht.

Historisch und aktuell stehen vor allem Teile der männlichen Jugendlichen im Alter von 12 bis 20 Jahren im Blickpunkt, wenn von unterschiedlichen gewaltförmigen Verhaltensweisen, von jugendlichen Gruppierungs- und Gesellungsformen die Rede ist; die Gesellschaft ist nach bisher vorliegenden Erkenntnissen mit geschlechtstypischen Äußerungsformen konfrontiert. In der inflationären Literatur zur politisch-kulturellen Nonkonformität von Jugendlichen wurden unterschiedliche Phänomene und Erscheinungsformen als Gewalt definiert; es war und ist letztlich ein unscharfer Sammel-

---

ben-Paragraph" im Preußischen Allgemeinen Landrecht von 1794 ihren Niederschlag. Wörtlich heißt es dort: „Muthwillige Buben, welche auf den Straßen, oder sonst, Unruhe erregen, oder grobe Unsittlichkeiten verüben, sollen mit verhältnismäßigem Gefängnisse, körperlicher Züchtigung oder Zuchthausstrafe belegt werden".

begriff für ein breites Spektrum von unterschiedlichen, historisch sich verändernden Auffälligkeiten und Verhaltensweisen. Seine Verwendung reicht von Alltagsgewalt über Begleitgewalt (u.a. im Rahmen von Sportveranstaltungen) bis hin zur Jugendkriminalität und politisch motivierter Gewalt. Austragungsterrain werden so unterschiedliche Orte wie die Straße, öffentliche Plätze, Schulen, Konzerte und Sportveranstaltungen.

In der Geschichte des 20. Jahrhunderts und den Zeiträumen der drei hier ausführlich vorgestellten Fallstudien konkurrieren drei politische und mentalitätsspezifische Jugendbilder und Zielsetzungen miteinander: Jugend wird positiv besetzt und zur Projektionsfläche für gesellschaftliche Veränderungen und Hoffnungen auf eine „bessere Zukunft"; Jugend soll durch die professionell organisierten Entwicklungs- und Sozialisationsprozesse eine möglichst reibungslose und kontrollierte Kontinuität der weiteren Entwicklung von Politik, Gesellschaft und Kultur sichern; Jugend wird negativ besetzt, als Problem, Gefahrenquelle und Bedrohung gesehen, die durch problematische Einstellungen und Verhaltensweisen, durch „Abweichungen" die gesellschaftliche Entwicklung, die etablierten Macht- und Herrschaftsstrukturen, Normen und Werte gefährdet. Die Diskussion um Jugend und Gewalt ist vom letzteren Jugendbild geleitet und täterzentriert, es dominiert ein instrumentelles Normalitätskonzept, nach dem „Jugend als Objekt" möglichst reibungslos von Erwachsenen in deren Gesellschaft, Strukturen, Normen und Werte integriert werden soll. Gewaltförmige Verhaltensweisen werden zu Stereotypen einer „bösen Jugend" (König), und jugendliche Gewalt wird zu einer umgangssprachlichen, allgemeinen und symbolischen „Wortformel". Jugendliche Gewalt wird von Politik, Öffentlichkeit und Wissenschaft als bedrohlicher Tatbestand, als problematische und auch gefahrvolle Abweichung wahrgenommen und interpretiert; die Perspektive einer kulturpessimistischen Erwachsenengesellschaft ist, dies als Dauertatbestand oder nur vorübergehende Erscheinung zu verhindern, zu kontrollieren und zu sanktionieren. Die Projektion von Jugend als „Gefahr und Problem" wird in der Geschichte dieses Jahrhunderts vor allem auf Gruppen von männlichen Jugendlichen aus der Arbeiterklasse, den unteren sozialen Schichten und Armutsverhältnissen bezogen. Die drei historischen Fallstudien zeigen, daß Jugendliche aus diesen sozialen Zusammenhängen „Träger" von gewaltförmigen Verhaltensweisen sind, die als Ausdruck ihrer Alltagserfahrungen und von labilisierten Lebensverhältnissen, von strukturellen Gewalterfahrungen und Integrationsproblemen in die Gesellschaft sowie als Form von kollektiver politisch-kultureller Nonkonformität und „jugendlichem Fundamentaldissens"[3] begriffen werden können. Das

3 Mit dem Begriff „jugendlicher Fundamentaldissens" untersucht Seifert (1987) unterschiedliche Formen von kultureller

Generationenverhältnis von Jugendlichen zur Erwachsenengesellschaft kann als Interaktions-/Beziehungsmuster verstanden werden, das sich gerade in Zeiten von kulturell-zivilisatorischen Umbrüchen, in ökonomisch-sozialen Krisen und biographischen Unsicherheiten auch in unterschiedlichen Formen von Gewalt ausdrückt bzw. ausdrücken kann. Jugendliche Gewalt ist letztlich die Thematisierung des Jugendalters; es ist die öffentliche Diskussion über den Zustand der Jugend, die Erfahrungs- und Sozialisationsprozesse von Jugendlichen, das Generationenverhältnisses und die Generationenspannungen, die Erziehungskrisen, die auf Versuche und Prozesse der Neubestimmung von Erziehung, Orientierung und Sinn hinweisen. Damit stellt sich die politische Verwendung des Gewaltbegriffs für eine Vielzahl von Phänomenen als eine Möglichkeit der Gesellschaft dar, die es gestattet, die verursachenden sozialen und kulturellen Desintegrationsprozesse, die Krisen, Probleme und Konflikte für „abweichende Verhaltensweisen" in den verengenden Wahrnehmungshorizont von spezifischen Jugendproblemen zu überführen. Diesem selek-

---

Nonkonformität. Er bezieht sich auf „kollektive Handlungsformen, die ... durch eine 'rebellische Abweichung' gekennzeichnet sind" (S. 7) und untersucht mehrere Gruppen, die sowohl die kulturellen Ziele der Gesellschaft als auch deren institutionalisierten Mittel der Zielerreichung ablehnen. Anhand spezifischer Konfigurationen von Merkmalsausprägungen analysiert er die sieben Dissenstypen: Bewegung, Bande, Sekte, Subkultur, Guerilla, Boheme, Bünde.

tiven Mechanismus folgen dann traditionelle Strategien der Verarbeitung, nämlich der Ruf nach der moralischen (Nach-)Erziehung von Jugend und dem abschreckend-sanktionierenden Instrument des (Jugend-)Strafrechts. Jugendliche Gewalt wird zu einem trojanischen Pferd, mit dem autoritäre Erziehungsmuster und eine Verschärfung im Strafrecht begründet bzw. durchgesetzt werden sollen.

Phänomen- und jugendkulturgeschichtlich gab es zu Beginn dieses Jahrhunderts eine „Halbstarkendebatte", in der Weimarer Republik die Diskussion um „Jugendbanden"/„Wilde Cliquen" und in den fünfziger Jahren eine kurze, geradezu dramatische „Halbstarkendebatte". Diese waren verbunden mit einer ritualisierten sowie schuldzuweisenden Medienkritik und zugeschriebenen „schädlichen Wirkungen" in der gesundheitlichen, sittlichen und geistigen Entwicklung der Kinder und Jugendlichen, wie sie exemplarisch in den Jahren 1910, 1925 und 1950 für die drei hier vorgestellten Zeiträume deutlich werden.[4] Die drei jugendkulturellen Ausdrucks-,

4 Es gibt in der Politik, in der Fachöffentlichkeit und den einschlägigen Publikationen wiederholt kontroverse „Schmutz- und Schunddebatten"; mit der Schuldzuweisung an die Medien (Bücher, Comics, Kinematographentheater, Filme, Kino u.a.) als „bedrohliche Massenerscheinung" sowie „gefährdende Orte" wurden vor allem die Durchsetzung von erzieherisch-jugendschützerischen Maßnahmen und die notwendige Gesetzgebung begründet. Bewahrung und Schutz werden zu leitenden sozialpädagogischen Kategorien.

Organisations- und Erscheinungsformen werden im folgenden vorgestellt und mit zahlreichen Zitaten und Quellennachweisen belegt. Es wird aufgezeigt, wie die jeweilige Jugend, deren Subkulturen und Freizeit-Milieus in der zeitgenössischen pädagogischen Literatur dargestellt und wie über sie diskutiert wurde; dies sind gleichzeitig Beispiele für veröffentlichte, problematisch-verallgemeinernde Jugendbilder, deren „Kern" in spezifischen Verhaltensweisen in der Freizeit der Jugendlichen lokalisiert wird.

Absicht des Buches ist, ausschnitthaft Formen von jugendlicher Gewalt, der öffentlichen, politischen und wissenschaftlichen Diskussion sowie deren Lösungskonzepte und „Rezepte" im Kontext von Pädagogik und Jugendarbeit darzustellen. Die empirischen Befunde zeigen die zeittypischen Wahrnehmungen und Interpretationen der Phänomene sowie die pädagogischen Bemühungen, mit denen versucht wurde, Jugendliche außerschulisch zu kontrollieren, zu erziehen und zu integrieren. Dabei zeigt sich: Jugend und Gewalt hat einerseits geradezu eine historische Kontinuität, kehrt regelmäßig wieder, andererseits wiederholt sie sich nicht einfach, sondern prägt sich in spezifischen zeitgebundenen Kontexten immer wieder neu aus. Die jeweilige Definition von Phänomenen als Gewalt unterliegt dem Zugriff von Politik, Gesellschaft, Medien und auch Wissenschaft.

Die vorsichtigen, situationsbezogenen historischen Vergewisserungen der jeweiligen Formen und Motive von auffälligem Jugendverhalten sollen die aktuellen Entwicklungen nicht entschuldigen, rechtfertigen, verharmlosen oder gar zur Gewöhnung und Abstumpfung beitragen. Die historische Perspektive kann aber hin zu einer relativierenden, entdramatisierenden Sicht führen, und zur De-Eskalation und Abwehr von vorschnellen, panikmachenden – gegen Jugendliche gerichtete –, durchschaubar repressiven Strategien beitragen; das gilt auch für hektische Aktivitäten und „schnelle Programme" im pädagogischen Bereich, die Handlungsfähigkeit demonstrieren sollen, aber die wirklichen ökonomischen, politischen, sozialen und kulturellen Ursachen und Probleme weder angemessen darstellen noch mit Blick auf Lösungsmöglichkeiten ausreichend differenziert analysieren.

Marburg, Juni 1994 *Benno Hafeneger*

1. Wilhelminische Zeit

1.1 Jugenddiskussion

In den letzten drei Jahrzehnten des 19. Jahrhunderts, der Zeit um die Jahrhundertwende und bis zum Beginn des Ersten Weltkrieges konzentrierte sich die jugendpädagogische Diskussion unter der Perspektive „Auffälligkeit, Abweichung, Verwahrlosung, Gewalt" auf die Sozialdisziplinierung der männlichen proletarischen Großstadtjugend. Die soziale Frage wird in der entstehenden Sozialpädagogik und Jugendpflege – neben der polizeistaatlichen und repressiven Disziplinierungsstrategie – in Ansätzen aufgegriffen und zu einer „pädagogischen Frage" mit selbstgestelltem Auftrag umformuliert. Staatliches Interesse war, die soziale Frage zu entschärfen, die proletarische Jugend mit den erzieherischen und repressiven „Instrumentarium" der staatlichen Jugendpflege und der gesonnenen freien Träger im Bereich der Kirchen, militärischen und vaterländischen Organisationen sowie des Sports zu integrieren. Dieser beginnende Perspektivenwechsel hin zu „Integration durch Erziehung" verdankt seine Karriere den tiefgreifenden sozialen, kulturellen und politischen Erschütterungen und Umbrüchen der bürgerlichen Gesellschaft (Stichworte: Industrialisierung, Urbanisierung, Klassenstrukturen und Gründung sozialistischer Organisationen, Autoritätsverfall der Erwachsenenwelt und der Obrigkeit), in denen aufgeklärte, liberale Teile des Bürgertums sowie das sozial interessierte wissenschaftliche Establishment beginnen, soziale Probleme als pädagogische zu interpretieren. Der Blick in die Ätiologie der „moralischen Beschaffenheit" der proletarischen und subproletarischen Jugend wird u.a. durch die entstehende „wissenschaftliche Milieu- und Jugendkunde", durch lebensweltliches Berufswissen über die „Eigenart der Jugend" (Bernfeld) und ihrer Kultur erweitert. Erziehung und sozialpädagogische „Bearbeitung" rücken ins Zentrum erster reformpädagogischer Überlegungen, werden staatlich aufgegriffen und über die preußischen Jugendpflegeerlasse – neben Repression, Zugriff und Kontrolle – zu einer bedeutsamen neuen Regulierungs- und Problemlösungsstrategie. Der wissenschaftlich untermauerten Defizit- und Gefahrendiagnose, mit dem Augenmerk auf die nachlassende Erziehungskraft der Familie und den erzieherischen Funktionsverlust der alten Verbände folgen das Eindringen der sozialen Idee sowie die ersten milieutheoretischen Annahmen in die Pädagogik. Dies ist mit sozialpädagogischen Integrationsbemühungen durch Jugendarbeit verbunden, deren

Praxisfelder bisher von autoritär-repressiven Merkmalen und einem medizinischen Paradigma geleitet waren. Mit der Entstehung einer eigenständigen Jugendphase mußte auch seitens der Wissenschaft erst ein dominierendes Jugendbild entworfen werden, mußten Staat und Gesellschaft den Prozeß „Erziehung und Kontrolle", das von erwachsenen Erziehern organisierte Hineinwachsen der jüngeren Generation aus den unteren sozialen Klassen in die Gesellschaft – schulisch und außerschulisch, zwischen dem Verlassen der Schule und dem Eintritt in den Militärdienst – sichern. Die Durchsetzung und Etablierung des neuen janusköpfigen Instrumentes „staatliche Jugendpflege" mit seinen erzieherischen Integrationsinteressen sowie Kontroll- und Repressionsimperativen speiste sich in der Wilhelminischen Zeit aus unterschiedlichen Motiven; dabei mischten sich auf dem Hintergrund von sozialen und kulturellen Desintegrationstendenzen und politischen Polarisierungen staatliche, religiös-moralische, wissenschaftliche und gesellschaftliche Interessen. Die rebellischen, zügellosen und aufsässigen subkulturellen Stile der „Straßenjungen und Jugendlichen" wurden für die entstehende staatliche (und halbstaatliche) Jugendpflege zum Konstrukt für Auffälligkeit, Verwahrlosung und Abweichung. Diese Jugendlichen galt es von der Straße zu holen, zu kontrollieren, zu organisieren und pädagogisch zu beeinflussen; es ging auch um einen Zugriff auf die abweichenden (aggressiven) Formen von „Körperbewegung" als Voraussetzung bzw. Bestandteil von Regulierung, Formung und Erziehung.[5]

> „Um 1890 jedoch wird das Jugendphänomen im gesellschaftlichen Bewußtsein unter neuen Aufmerksamkeitsrichtungen diskutiert und enthält innerhalb der Wissenschaften eine themenzentrierte Spezifik. Unter dem Eindruck der bürgerlichen Jugendbewegung und des sozialen Elends der proletarischen Großstadtjugend, der Thematisierung des Jugendphänomens in Literatur und Kunst und der öffentlichen Schulkritik beginnen Mediziner, Kriminologen, Pädagogen, Psychologen und Theologen sich von den brüchig gewordenen Alltagstheorien abzusetzen und ihre Jugenddiagnosen mit Wissenschaftsansprüchen zu versehen" (Dudek 1990, S. 22).

1.2 „Verwahrloste männliche Großstadtjugend"

Mit der Verrechtlichung der Jugendphase und der daraus entstehenden Jugendpflege, der entstehenden Freizeit als „Kontrollücke" (Peukert) zwischen Schule und Militär und dem Beginn staatlicher Jugendpolitik richtet sich die Wahrnehmung der außerschulischen und außerfamiliären Erziehungspraxis der Jugendpflege, des freien und kirchlichen Vereinswesens (sowie der Fürsorge-

5 Die Arbeiterjugend wird vom Staat und der bürgerlichen Gesellschaft insgesamt als ein politisch gefährliches und bedrohliches Potential (und als Feind) wahrgenommen; dies zu kontrollieren und zu „domestizieren" ist ein wesentliches Motiv für das Interesse des Staates in der Jugendpflege.

und Zwangserziehung, des Jugendschutzes) vor allem auf die sog. gefährdete, milieugeschädigte „degenerierte Volksjugend" (Dehn), die schulentlassene proletarische – männliche und dann auch weibliche – Großstadtjugend. Ziel des staatlichen Zugriffs ist die pädagogische Kontrolle, die erzieherische Formung und die gesellschaftliche Integration der Jugendlichen und ihrer Verhaltensweisen in einem durchaus krisenhaften Prozeß des Erwachsenwerdens. Das Jugendalter, definiert und verstanden als eigene kulturelle Lebensform, Krisenalter mit vielen (potentiellen) Gefährdungen und problematischen Bedingungen des Aufwachsens, bedeutet immer auch die (potentielle) Ausprägung von unterschiedlichen – so das medizinische Paradigma, das später von milieutheoretischen, entwicklungspsychologischen Annahmen und sozialen Diagnosen abgelöst wurde – Abweichungen und Pathologien. In der Diskussion über die Entwicklung „der Jugend" weist vor allem Bernfeld (1913) auf deren sozialen Lebensverhältnisse und auf die Existenz einer eigenen Jugendkultur hin.[6] Die „Verwahrlosung" wird – als abweichendes Phänomen – als dominante Pathologie beschrieben, sie wird zu einem

6 Siegfried Bernfeld formuliert für das Akademische Comité für Schulreform u.a. den Leitgedanken: „Kindheit und Jugend sind nicht die zwecklosen Durchgangsstadien zum erwachsenen Menschen, sondern notwendige, in sich geschlossene Entwicklungsstufen." (1913, S. 33)

zentralen Thema der Jugendkunde (Psychologie, Pädagogik, Medizin) und einem inhaltlichen Schwerpunkt der kirchlichen, sportlichen, politischen und militärischen Jugendarbeit. Dieser Diskurs und die praktischen Erziehungsangebote zielen primär auf die männliche Jugend, gelten aber auch für die weibliche Jugend. Mit der Erziehung zur Sittlichkeit und der Einübung einer geschlechtsspezifisch angemessenen Lebensweise sollen Verwahrlosung und Gefährdung verhindert und die gesellschaftliche Integration von Mädchen gesichert werden. Wie diese Zielvorstellungen in der Erziehung erreicht werden sollen, zeigen anschaulich die folgenden Thesen.

VON DER VERLORENEN WEIBLICHEN GROẞSTADTJUGEND
Vortrag in Lübeck am 15. Mai 1911

„1. Ein junges Mädchen im Alter von 14 bis 18 Jahren ist körperlich, geistig und seelisch viel entwickelter als ein junger Mann im selben Alter.
2. Ein Mädchen kann in diesem Alter sittlich viel höher und auch tiefer stehen als ein Mann im selben Alter.
3. Eine sittliche Reinheit, im besonderen auf dem sexuellen Gebiet, gilt bei dem weiblichen Geschlecht höher, als bei dem männlichen
4. Schuld an dem sittlichen Fall der weiblichen Jugend trägt sehr oft das Elternhaus, das gerade seine Pflicht den Töchtern gegenüber schwer vernachlässigt.
5. Schuld trägt ferner die Schule, die gerade den Mädchen gegenüber mehr erzieherisch und mehr auf das Gemüt wirken sollte.

6. Schuld trägt die Gesellschaft, die in ihrem Urteil teils zu schroff, teils zu milde ist und deshalb das eigene Urteil des Mädchens verwirrt.
7. Bei den Mädchen sind Putzsucht und Genußsucht die treibenden Kräfte zu schlechtem Wandel. Die große Gefahr sind die öffentlichen Tanzböden, die schlechte Lektüre, das schlechte Theater. es gibt aber auch eine angeborene, ungezügelte, alles durchbrechende Sinnlichkeit.
8. Die Frauen haben die größten Pflichten, Rechte und Fähigkeiten, um an der weiblichen Jugend prophylaktisch zu arbeiten. Die Männer kommen erst in zweiter Reihe in Betracht.
9. Freundinnen der jungen Mädchen müssen vor allem einigen Einfluß zu gewinnen versuchen auf die Familie, besonders die Mütter.
10. Geschlechtliche Aufklärung muß sein, erfordert aber den allergrößten Takt. Sie hat am besten durch die Mütter zu geschehen oder im Beisein der Mütter.
11. Es sind Arbeitsnachweise für Hausarbeit, Kontor und sonstige Arbeit einzurichten. Der Dienstbotenstand muß gehoben werden.
12. Auch für die weibliche Jugend muß Fortbildungsschulzwang bestehen.
13. Einzelne Frauen müssen sich einzelner, besonders gefährdeter Mädchen annehmen.
14. Einzelne Familien müssen sich der einzelnen, alleinstehenden Mädchen annehmen.
15. Die Vereinsarbeit muß folgendes erstreben:
    a. Es muß in jeder Stadt ein Verein der Freundinnen der jungen Mädchen gebildet werden, und in jedem Seminar eine solche Sektion bestehen.
    b. Es muß ein Verein der Familien vorhanden sein, die sich der jungen Mädchen annehmen.

c. Es müssen in jeder Gemeinde Jugendvereine auf freier, religiöser Grundlage bestehen, welche erzieherisch wirken und die Freundschaft der jungen Mädchen zur Leiterin vermitteln.
d. Die Zusammenführung der beiden Geschlechter zu gesellschaftlichem Verkehr wird möglich sein, ist auch in diesem Alter zu erstreben, wird aber unter den derzeitigen Verhältnissen noch sehr schwierig sein.

16. Die Arbeit an den schon gefallenen Mädchen braucht
a. Zufluchtstätten
b. Mutterheime
c. sie hilft der unehelichen Mutter in ihrer Sorge für ihr Kind.

Bei der Frau liegt praktisch unsere Zukunft – große Unterlassungssünden – Große und verhängnisvolle Folgen!"
(aus: Classen 1918, S. 123 f.)

Jugend wird im Prozeß struktureller Veränderungen (Industrialisierung, Beschäftigungsstruktur, Mobilität) und der fortschreitenden Urbanisierung der Gesellschaft zum Objekt der Erziehung, der öffentlichen und privaten Jugendpflege und -fürsorge. Diese Entwicklung ist nach Aufhebung der Sozialistengesetze 1890 auch durch die politische Wahrnehmung der Arbeiterjugend als bedrohliches und gefährliches Potential für die bürgerliche Gesellschaft begründet.[7] Zeitdiagnostisch wird, als be-

7 Abweichend von solchen Sichtweisen schreibt Bernfeld in seinem Entwurf zum Programm des 'Archivs für Jugendkultur' und der Begründung von Pädagogik als „Wissenschaft der Erziehungstatsachen" u.a.: „So ist die Nation in Erzogene und Unerzogene geteilt. Die Teilungslinie geht ausnahmslos

deutsames entwicklungspsychologisches Moment, auf die „Charakteristik der Reifezeit" mit seelischen Kräften hingewiesen, die zu einer körperbetonten Erlebnisbereitschaft und einem intensiven Lebensgefühl der Radikalität führen könnten; dabei träfen zwei Dinge zusammen:

> „das Erlebnis der sexuellen Reife mit dem Erlebnis des Gegensatzes zwischen Idee und Realität. Die verschiedenen Momente dieser Spannung: Entdeckung des Ichs und der Welt, Wille zur Autonomie, Verlangen nach neuen Maßstäben treiben auch den radikalen jungen Menschen, doch entfalten sie sich wohl hartnäckiger und wirken sich stärker aus" (Heiß 1912, S. 381 f.).

Ein Aspekt des pädagogischen Interesses an „Auffälligkeit" und „Verwahrlosung" gilt – im Feld fürsorgerischer, ordnungspolitischer, erzieherischer, freizeitpädagogischer und therapeutischer Maßnahmen – deren Verbindung mit gewaltförmigen Verhaltensmustern bei Jugendlichen und mit dem „Flegeltum bei Knaben". Über solche sozial auffälligen Verhaltensweisen von Jugendlichen aus der Unterschicht waren die Gesellschaft, der autoritäre Wilhelminische Staat und die freien Verbände/Vereine der Jugendpflege vor allem moralisch entrüstet; die Jugend schien außer Kontrolle zu geraten.

---

durch alle übrigen Schichten, Stufen, Stände und Klassen. Denn jeder Mensch gehört eine Zeitlang seines Lebens in die Klasse der Unerzogenen." (1917, S. 223 f.)

Die Figur des Unkontrollierten, Nichtzivilisierten, sittlich Haltlosen, des Verwahrlosten und Abweichenden galt es – so die Diktion – zu „domestizieren“ und zu „zähmen“, seine Kräfte in „sinnvolle Bahnen zu lenken“. Für die etablierten Strukturen und Angebote der Kirchen und Vereine waren die kulturellen Stile der „wilden Straßenjugend“ nicht erreichbar. Dazu bedurfte es neuer Formen des Zugangs; neue erzieherische Methoden des Umgangs und der Kontrolle in der Freizeit wurden notwendig. Für die Etablierung der staatlichen Jugendpflege und für die konfessionelle und freie Jugendpflege bedeutete die wahrgenommene erzieherische Kontrollücke in der Freizeit, die Jugendlichen mit dem Ziel „Sozialdisziplinierung“ von der Straße zu holen. Dies hieß, die Jugendlichen pädagogisch zu betreuen, ihre Entwicklung in geordnete Bahnen zu lenken, Tugend- und Körpererziehung sowie sinnvolle Beschäftigung in der Freizeit anzubieten. „Der Jugendclub als Ersatz für die Straßenclique sollte deren Attraktivität in pädagogisch kontrollierte Formen bringen und zugleich deren aufsässigen und rebellischen Habitus eindämmen“ (Dudek 1990, S. 76). Der Jugendpflegeerlaß vom 18. Januar 1913 legt einen Arbeitsplan nahe, der „dem Drängen des werdenden Mannes“ nach geistiger und körperlicher Betätigung gleichermaßen Rechnung tragen soll. Der abgedruckte „Arbeitsplan der Jugendpflege“ (S. 27 f.) ist von einem biologisch-vitalistischen Jugendbild geprägt. Jugendlichen werden vielfältige natürliche Bedürfnisse (Regungen) unterstellt, die sich im Verlauf ihrer Entwicklung entfalten. Der Entwicklungsweg der „Regungen“ ist zunächst offen; er kann auch die Gesellschaft gefährden, von Moral, Normen und Werten abweichen. Die „Regungen der Jugend“ mit vielfältigen Angeboten und Aktivitäten (Maßnahmen) zu regulieren, bändigen, domestizieren, wird daher als zentrale Herausforderung von Pädagogik und Jugendarbeit deklariert. In der erzieherischen Durchsetzung des Zieles „Anpassung und Unterwerfung“, der Sicherung des gesellschaftlich erwünschten Verlaufes der Jugendphase in einem durchaus reibungsvollen und spannungsreichen Entwicklungs- und Integrationsprozeß, bekommt die Jugendpflege/-arbeit ihre originäre Aufgabe zugewiesen.

SKIZZE
EINES ARBEITSPLANS DER JUGENDPFLEGE

Die Seele der Jugendlichen zeigt folgende charakteristische Regelungen:	Den seelischen Regungen kommt die Jugendpflege u.a. mit folgenden Maßnahmen entgegen:
Tätigkeitsdrang.	Wandern.
Sinn für körperliche Gewandtheit und Geschicklichkeit.	Sport (Fußball, Diskuswerfen, Gerwerfen, Ringen, Faustkampf, Schwimmen, Laufen usw.). Turnen. Spielen. Gartenarbeit. Billard. Kegeln. Handfertigkeit.

Selbständigkeits-bewußtsein. Selbstgefühl. Ehrgefühl. Mann sein wollen.	Selbstverwaltung im Verein (Ämter, Bibliotheksverwalter, Kassenwart, Schriftwart, Verwalter der Spielsachen, schriftliche Arbeiten usw.). Selbständige Aufgaben. Beim Kriegsspiel (Patrouille), Wandern (Führer), Turnen (Vorturner), Spiel (Unparteiischer, Leiter, Ordner). Theaterspielen. Deklamieren. Kurze Vorträge über Erlebtes und Gelesenes. Ehrengericht. Vereinsabzeichen.

Wißbegierde. Geistige Regsamkeit.	Vorträge über alle Gebiete des Wissens. Diskussionen. Belehrende Bücher, Zeitungen, Zeitschriften. Führungen durch Museen, Ausstellungen, Fabriken usw. Botanische, geologische, geschichtliche, kulturgeschichtliche Wanderungen.
Lust an der Kritik.	Diskussionen über Streitfragen aus dem Interessenkreis der Jugendlichen.

Phantasie.	Basteln. Handfertigkeitsunterricht. Passende Lektüre. Theaterbesuch (nach vorhergehender Erklärung des Stückes). Spiele (z.B. Schachspiel). Passende Filme.
Sinn für Technik.	Vorträge mit Lichtbildern. Technische Probleme von Gegenwartsbedeutung. Anschauungstafeln im Verein. Herstellung von Modellen. Führungen durch technische Betriebe.

Sinn für Romantik und Außergewöhnliches.	Nachtwanderungen. Erzählungen am Biwakfeuer. Wanderungen mit Abkochen. Schilderungen von großen Geschehnissen und Abenteuern. Feierlichkeiten, Kaisers Geburtstag, Fahnenweihe und dergl. Gelegentlicher Besuch des Vereins oder der Veranstaltungen durch Persönlichkeiten von Ansehen.
Sinn für Heldenleben und Hingabe an starke Persönlichkeiten.	Der Leiter als Vorbild. Geistiger Umgang mit großen Persönlichkeiten; auch religiös-sittliches Heldentum (Lektüre, Memoiren, Biographien, Bilder im Heim).

Anlehnungsbedürfnis. Sinn für Kameradschaft.	Der Leiter als Freund und als Kamerad. Religiöse Betrachtungen. Trauliches Jugendheim. Gemeinsame Feiern. Singen. Gruppen für besondere Zwecke.
Jugendlust.	Harmloser Scherz und Witz haben Hausrecht. Wandern. Spiele im Freien und daheim. Turnen und Sport. Singen. Musik. Gute Komik (Puppenspiele, passende Films, Lustspiel, Vorlesungen und Deklamationen).

Sinn für Gemüts-erhebungen.	Passende Lektüre. Dichtungen (Vorlesungen). Schauspiel. Wanderungen (Schönheiten von Land, Dorf und Stadt). Bildende Kunst (Wandschmuck im Heim, Mappen mit Reproduktionen, Führungen durch Galerie und Ausstellungen, Betrachtungen von Sehenswürdigkeiten, Vorträge mit Lichtbildern). Musik (Volkslied, Lieder zur Laute, Konzerte usw.). Packende Ansprachen.

Geschlechtstrieb.	Aufklärung. Gemeinsame edle Unterhaltungen (Vorträge, Theaterspielen, Unterhaltungsabende). Gemeinsame Feiern. Wanderungen der älteren Knaben mit Mädchen und ihren Eltern. Hin und wieder Tänze der Aelteren mit Mädchen im Beisein der Eltern.

(aus: Haarmann 1916, S. 72 ff.)

1.3 Reformpädagogische Bemühungen

Walther Classen (1906, 1918) und Clemens Schultz (1903, 1904, 1912), zwei bürgerliche Sozialreformer aus der evangelischen Jugendarbeit stehen, beispielhaft für kompetente Beobachtungen von auffälligen jugendlichen Verhaltensweisen und für sozialpädagogisch-reformerische Bemühungen.[8] Sie haben sich in mehreren Hamburger Stadtteilen – vor allem St.-Pauli – mit den sozialen und biographischen Lebensbedingungen (Jugendnot) der schulentlassenen proletarischen Großstadtjugend (Stichworte: Mietskasernen, Armut, Elend, Gelegenheitsarbeiten) befaßt und ihnen moralisch, evangelisch-konfessionell inspirierte erzieherische Jugendpflegeangebote gemacht; über „Volksbildung" sollte deren Entwicklung in politisch, sozial und kulturell gewünschte Bahnen gelenkt werden. Classen gründete das „Volksheim e. V." mit Jugendclubs und Jugendvereinen in sechs Stadtteilen

8 Die Diskussion um den „Typus" des auffälligen Jugendlichen reicht noch weiter zurück; z.B. schreibt Ernst Floessel 1892 über „unangepaßte, zuchtlose und verwahrloste" Arbeiterjugendliche. Sein pädagogisches Programm beinhaltet vor allem „pädagogische Disziplinierung"; dazu gehören u.a.: Grenzen der Freiheit „eindämmen", in die „Zucht nehmen", zu „Wohlgearteten heranbilden", geistig und moralisch anpassen.

von Hamburg. Für Classen und Schultz[9] sind Jugendprobleme und die Integration von Jugendlichen aus dem proletarischen Milieu weniger eine soziale denn eine „pädagogische Frage". Für ihre Prinzipien von Jugendarbeit wie „Liebe zur Volksjugend, Orte der Nachsozialisation, Stätten der Kulturarbeit, der Selbstverwaltung und Charaktererziehung" unter der Leitidee „wir müssen das Herz unserer Jugend gewinnen" entwickeln sie ein stadtteilbezogenes Rekrutierungs- und Erziehungskonzept von „Lehrlingsverein – Gehilfenverein – Älterenverein".

STATUTEN FÜR DIE VEREINIGUNG ST. PAULANER LEHRLINGE

§1. Die Vereinigung bezweckt: 1. Die heranwachsende männliche Jugend davor zu bewahren, den Sonntag Abend in falscher oder schlechter Weise zu verbringen. 2. Dieselbe in geistiger und gemütlicher Weise anzuregen.

§2. Die Vereinigung versammelt sich jeden Sonntag Abend, im Sommer von 7 1/2 Uhr bis 10 Uhr und im Winter von 8 bis 10 Uhr in der Turnhalle, Taubenstraße 11.

9 Biographische Hinweise zu Pastor Clemens Schultz gibt Peukert (1986, S. 391 f.); er verweist vor allem auf dessen charismatische Anziehungskraft.

§3. Programmäßiger Verlauf der Versammlungsabende: Von 7 1/2 bis 8 1/4 Uhr freie Beschäftigung der Mitglieder mit Lesen, Spielen, Turnen usw. von 8 1/4 bis 9 Uhr ein etwa halbstündiger Vortrag, von 9 bis 9 1/2 Uhr im Sommer gemeinschaftliches Spielen im Freien, im Winter gemeinschaftliches Spielen in der Turnhalle. Von 9 1/2 bis 10 Uhr gemeinsame Unterhaltung oder gemeinsamer Gesang. Den Vortrag anzuhören, ist jedes Mitglied und jeder eingeführte Gast verpflichtet.

§4. Die Vereinigung steht zurzeit unter dem Protektorat des dritten Predigers an der St. Pauli-Kirche. Die Vereinigung wird verwaltet von zwei Vorsitzenden, einem Schriftführer und zwei Kassenverwaltern.
Die fünf verwaltenden Mitglieder werden durch Stimmzettel von sämtlichen stimmberechtigten Mitgliedern auf ein halbes Jahr gewählt; einfache Majorität entscheidet.

§5. Die Aufstellung der Vereinsgegenstände, der Tische, Bänke usw. geschieht durch zwei von den stimmberechtigten Mitgliedern zu wählende Ordner. Dieselben haben 1/2 Stunde vor Beginn der Versammlungsabende anwesend zu sein und müssen als die Letzten die Turnhalle verlassen. – Die Ordner sind einem Vorstandsmitglied unterstellt und erhalten für den Monat 1 Mark.

§6. Die Bibliothek wird von zwei Bibliothekaren, die der Protektor ernennt, verwaltet.

NB. Ein Buch kann nur auf 14 Tage verliehen werden. Wer dasselbe länger behält, muß für jede Woche 5 Pf. Strafgeld bezahlen. Vor dem Vortrage müssen die alten Bücher zurückgegegben werden und Bestellungen für die neuen gemacht sein, welche nach dem Vortrage ausgegeben werden.

§7. Alle Mitglieder, welche bis zum 1. Oktober 1897 die Statuten unterschrieben haben, gelten als die Gründer des Vereins.

§8. Sonst kann jeder in St.Pauli wohnende oder in St.Pauli konfirmierte Lehrling Mitglied werden. Derselbe muß durch ein Mitglied eingeführt sein und mindestens vier Versammlungen möglichst regelmäßig besucht haben. Sodann kann über seine Aufgabe abgestimmte werden; nur 2/3-Majorität entscheidet. – Während der Probezeit ist der Einführende für das Betragen des Eingeführten verantwortlich.

§9. Junge Leute, welche nicht in St.Pauli wohnen und auch nicht in St.Pauli konfirmiert sind, können dem Vereine als sog. ständige Gäste angehören. Sie müssen dieselben Pflichten wie die Mitglieder übernehmen, sind aber nicht stimmberechtigt. – Dem Gehilfenverein können sie später beitreten.

§10. Einführungen, auch nicht zum Zweck des Beitritts, sind erlaubt; aber auch hier hat der Einführende die Verantwortlichkeit zu tragen.

§11. Die Mitglieder verpflichten sich:
1. Die Versammlung möglichst regelmäßig zu besuchen. Die verwaltenden Mitglieder können nur auf Entschuldigung beim Protektor fehlen.
2. Ein durchaus gesittetes Benehmen, sowohl während der Versammlungen wie auch auf dem Hinwege und dem Heimwege zu bewahren und irgend welche Störung seitens Fremder oder Eingeführter auf das energischste zurückzuweisen.
3. Einen Beitrag von 25 Pf. per Monat zu zahlen. – Von dieser Bestimmung kann eine Mitglied nach Rücksprache mit dem Protektor dispensiert werden.
4. Alle Bücher, Spiele und Vereinsgegenstände zu schonen
5. Nach Schluß der Versammlungen, ohne Umwege und ohne Aufenthalt sofort nach Hause zu gehen

§12. Sollte ein Mitglied sich gegen die oben angeführten Pflichten gröblich undhäufig vergehen, so kann der Protektor dasselbe von der Vereinigung ausschließen. Sonst kann ein Mitglied nur auf Beschluß der gesamten Mitglieder entfernt werden. –
Hat ein Mitglied ohne Entschuldigung zehn Versammlungsabende hintereinander gefehlt, so wird sein Name aus der Mitgliederliste gestrichen.
Ein ausgeschlossenes Mitglied oder gestrichendes Mitglied hat keinen Anspruch mehr auf die Vereinskasse.

§13. Alle Vierteljahre findet eine Generalversammlung zur Besprechung der Vereinsinteressen statt; an solchen Abenden fällt der Vortrag aus. Eine Versammlung der verwaltenden Mitglieder kann der Protektor je nach Bedarf berufen.
Alle halbe Jahr findet eine Kassenrevision statt.

§14. Wer zwei Jahre dem Verein angehört hat und aufgehört hat Lehrling zu sein (d.h. Kommis, Geselle, Gehilfe usw. geworden ist), muß aus dem Verein als Mitglied austreten und wird auf Beschluß des Vereins (einfache Majorität entscheidet) Ehrenmitglied.

§15. Für neu eintretende Mitglieder gelten vom 1. April 1898 an folgende Bestimmungen:
1. Die neu Eintretenden sind vom Tage ihres Eintritts an auf ein 1/2 Jahr nur beratende, nicht abstimmende Mitglieder.
2. Der neu Eintretende hat sonst alle Rechte und Pflichten der alten Mitglieder.
3. Ausnahmen von diesen Bestimmungen behält sich die Generalversammlung vor.

(aus: Classen 1918, S. 99 ff.)

Classen beschreibt plastisch und detailliert Beobachtungen und Erfahrungen der „Natur des jugendlichen Großstadtvolkes", der „verlorenen Volkskinder des fünften Standes", die er zu „brauchbaren Menschen" machen will. Er berichtet mit Sympathie und erzieherischem Gestus über den Alltag, über das Leben und die Verhaltensweisen von Jugendlichen, deren proletarischen Charakter er in den Kennzeichen sieht: Lüge und Willensschlaffheit, völlige Unfähigkeit zur Treue, Vagantentum, Fehlen einer richtigen Erziehung, sittliche Armut, fehlende Liebe in Elternhaus und Schule; unfähig zur regelmäßigen Arbeit; nicht die Kraft, in einer Arbeit, Freundschaft oder Gemeinschaft zu beharren (1906, S. 18 f.). Diese Jungen sind für Classen „innerlich Wilde", roh und frech geblieben. Er gibt ihnen Namen; z.B. über Tedje Brit (das sind die 14 – 17-Jährigen) schreibt er:

> „Der wächst heran zu einem niederträchtigen Schlingel; trotzig, faul, frech. Er lügt, schwänzt die Schule, zündet sich in der Kirche Zigarren an, holt Äpfel aus dem Ewer. In Straßenschlachten tritt er knüppelschwingend als Anführer auf. Trotzdem ist er nicht schlecht, seine Kameraden sagen, er sei eigentlich ein ganz guter Kerl" (1906, S. 15 f.).

Über Hein Budje (das sind die unter 14-Jährigen) schreibt er:

> „Gestern hat sein Meister ihm ein Stück Eisen an den Kopf geworfen, und dann sind sie um den Tisch herumgelaufen. Hein nimmt seine Mütze, und hinaus ist er. Nach Hause ist er auch nicht gekommen. Budje treibt sich umher, stiehlt Brotbeutel und treibt Zechprellerei. Schwaps, hat ihn die Polizei, und er kommt in Untersuchungshaft" (1906, S.27 f.).

Clemens Schultz nutzt in seiner populären Schrift „Die Halbstarken" (1912) diesen typologischen Negativbegriff erstmals für die „nicht normale", die „verkommene Großstadtjugend"; damit führt er in die Jugenddiskussion – mit dem ansonsten schon älteren Begriff – eine neue pädagogische „Figur" ein. Er hält die unter Verwahrlosungsverdacht stehenden, „verkommenen Jugendlichen" noch nicht für verloren; aber am Ende einer negativen Karriere des frühreifen Straßenjungen „Butje" und des sich verweigernden „Brit" steht (möglicherweise) der respektlose und ordnungsfremde „Halbstarke", d.h. die eigentliche Verbrecherwelt. Schultz hat ein geradezu naiv optimistisch-pathetisches Bild einer „reinen Jugend" und ein von Freundschaft, Hilfe und Beziehung gefärbtes pädagogisches Leitmotiv. „Unsere Jugend kann verlangen, daß wir ihr Vertrauen entgegenbringen. Nur Vertrauen erzeugt Vertrauen. Unsere Jugend ist, wenn sie die Schule verläßt, herzensrein und begeisterungsfähig für alles Große und Gute; sie ist nicht verroht – aber sie kann verrohen" (1904, S. 2). Dies entspricht einer praxisbezogenen Denkfigur der Pädagogik von Herbart, nach dem ohne Vertrauen keine „Zucht" möglich ist; weil sich gegen „Zuchtversuche" ohne Vertrauen die (ganze Kraft der) Trotzreaktionen richten. Das Kind und der Jugendliche müssen folglich vom Glauben an die „wohltätige Absicht" und die „Kraft des Erziehers" überzeugt bzw. für sie empfänglich sein.

Als soziale Orte der Halbstarken, die Schultz als „Gifte der Großstadt" bezeichnet, sieht er: Straße, Rummelplätze, Kaschemmen im St.-Pauli-Bordellmilieu, Eiscremehändler, Schundliteratur, Tingel-Tangel, Kneipen/Kellerwirtschaften, Kinematographen. Zu seinen Verhaltensweisen gehören Provokationen und Belästigungen von Passanten. Der „Halbstarke" ist für ihn der „verkommene männliche Großstadtjugendliche" ab dem 18. Lebensjahr, der sich „definitiv für das Schlechte und Gemeine entschieden hat" (1912, S. 33).

„Der Halbstarke"
vom 18. Lebensjahr bis zum Ende

Man hat in der Erziehung der schulentlassenen Jugend sehr oft den Fehler gemacht, daß man den großen Abschnitt nicht beachtet hat, der mit dem 17. resp. 18. Jahr im jugendlichen Leben eintritt. Er ist einschneidender und wesentlicher, als jener nach beendeter Schulzeit. Der großstädtische Junge ist mit 17 Jahren männlich und völlig körperlich reif geworden. Der Erziehung des Elternhauses ist er auch in geordneten

Verhältnissen entwachsen; er ist frei und kann sich leicht jeder Kontrolle, zumal mit unerlaubten Mitteln, entziehen. Meistens verdient er, zumal wenn er intelligent ist, ziemlich viel Geld, verhältnismäßig mehr, als nach zehn Jahren, wenn er eine Familie zu versorgen hat. In seinem Leben sind ganz neue äußere und innere Kämpfe gekommen; Weltanschauungsfragen regen sich in ihm, wovon er bis jetzt gar keine Ahnung hatte. Es ist, nebenbei bemerkt, äußerst gefährlich, solche junge Leute über 18 Jahren mit den jüngeren Jahrgängen in einem Verein zusammenhalten zu wollen. Das ist sehr oft der Grund, warum die Jugendvereine nicht weiter kommen, sondern sogar leicht zugrunde gehen. – In gewisser Weise gilt das auch in dem Unterschied zwischen dem Briten und dem eigentlichen Halbstarken. Dieser hat sich nun definitiv für das Schlechte und Gemeine entschieden, und was jener unbewußt tat, tut dieser mit Bewußtsein, ja mit einer gewissen Überzeugung. Er ist der klar bewußte Feind der Ordnung, d.h. der Gesellschaft der Konvention, des sozialen Lebens, des Gesetzes; seine Arbeitsscheu ist zum Haß gegen die Arbeit geworden, er ist völlig unfähig geworden, irgendwelche regelmäßige Arbeit zu tun, er ist beseelt vom bösen Willen. Manchmal kommen noch Phrasen von Anarchismus usw. hinzu; aber im großen und ganzen gibt er sich mit solchen Dingen kaum noch ab. Er hält es nicht für nötig, sein Leben und sein Tun vor anderen und vor sich auch nur im geringsten zu beschönigen. Er will eben das Gemeine, und das Gemeine ist ihm Lebenslust. Diese Halbstarken, die aus allen Kreisen der menschlichen Gesellschaft kommen, bilden den Mob, sind eine furchtbare, grauenerregende Macht, zumal im großstädtischen Leben; ein Schlamm, der immer mehr nach unten sinkt und wenn das soziale Leben in ruhigen Gleisen fortfließt, sich am Boden der Gesellschaft festsetzt. Wehe, wenn ein reiner Mensch in diesem Morast hineingetreten ist, wie leicht kann er dann hineingezogen werden und ersticken, noch mehr wehe, wenn etwa durch eine Revolution, vielleicht auch durch einen Generalstreik oder durch große politische Erregungen das soziale Leben erschüttert wird, dann kommt dieser Schlamm nach oben und ist von furchtbarer Wirkung. Dieser Mob ist viel schlimmer und verderblicher als einzelne sog. schwere Verbrecher. Gegen diese kann man sich schützen, jene Mächte der Finsternis aber wirken vergiftend, verpestend, viel schlimmer, als alle ansteckenden Seuchen. Es ist – das mag gleich hier vermerkt werden – Pflicht des Staates, gegen diese furchtbaren Elemente einzuschreiten; wenn der Staat weiter gleichgültig bleibt, so duldet er seine allerschlimmsten Feinde. Die Halbstarken treiben meistens ihr Wesen erst des Abends und in der Nacht; die Kaschemmen, die Herbergen allerniedrigster Ordnung, die gemeinsten Kellerwirtschaften und vor allen Dingen die Bordelle und die Hinterräume der kasernierten Straßen sind ihre Schlupfwinkel. Es gibt keine Roheit, keine Sünde, keine Niederträchtigkeit, zu der diese Halbstarken nicht bereit sind, wenngleich sie sich, fast möchte man sagen leider, von einem wirklichen Verbrechen noch fern halten, so daß man sie, wenigstens auf längere Zeit, nicht unschädlich machen kann. Sehr oft sind sie in den Händen der allergemeinsten Dirnen und betreiben das Geschäft des „Louis“. Sie sind, ich möchte sagen, gleichsam Makler unter den Verbrechern, sie vermitteln zwischen Hehlern und Stehlern, sie kundschaften aus, wo ein Verbrechen begangen werden kann, und leisten Helferdienste. Wenn sie abgefaßt werden, können sie nur, infolge unserer unglücklichen Gesetze, die den Erfolg der Taten, selten oder nie die Gesinnung in Betracht ziehen, zu ganz kurzen Freiheitsstrafen verurteilt werden. Der Anblick dieser Menschen ist grauenerregend, zumal wenn sie sich mit einer schäbigen Eleganz kleiden und den feinen Herrn spielen. Sexuell sind diese Leute fast alle pervers, natürlich mit furchtbaren venerischen Krankheiten behaftet. Ganz selten kommt es vor, daß ein solcher Unglücklicher vom Ekel über sich selbst und sein Leben erfaßt wird und von Reue getrieben einen anderen

Lebenswandel führen will. Ihm ist nicht mehr zu helfen. Er ist geistig, sittlich und körperlich degeneriert, vor allen Dingen ist sein Wille völlig angefault; selbst wenn er wollte, kann er doch nicht mehr wollen, er geht rettungslos zugrunde. Auch seine Komplizen halten ihn fest; sie sind Mitwisser seiner Schandtaten und können ihn zwingen, sie nicht zu verlassen. Ich habe es öfter erlebt, daß so ein Halbstarker bei mir war und mich um Hilfe bat. Vor der Tür meines Hauses stand dann eine Dirne oder ein anderer Halbstarker und nahm den Ungetreuen gleich wieder in Empfang; ich habe darin wahre Tragödien gesehen. Selbst wenn die Eltern sich ihres unglücklichen Kindes erbarmen wollten und bereit wären, auch viel Geld herzugeben, um ihn auf einen anderen Weg zu bringen, selbst wenn Vereine und Menschenfreunde ihre besten Kräfte einsetzten – es ist fast nie gelungen. Wenn es gelingen soll, müssen ganz andere Mittel angewandt werden. Meistens hat der Halbstarke Schaden an seinem Intellekt genommen, er ist verdummt, zumal wenn er sich dem Schnaps ergeben hat; oft aber ist er noch von einer großen raffinierten Schlauheit und kann ein vollendeter Schauspieler sein, er weiß geradezu glänzend zu heucheln, schleicht sich in alle möglichen frommen Vereine hinein, und wenn die Pastoren oder Stadtmissionare oder derartige christlich gesinnte Persönlichkeiten keine Menschenkenner sind, dann können sie von diesen Lumpen in schlimmster Weise hintergangen werden. Eine ihrer gemeinsten Handlungsweisen ist das Erpressertum. Mit großer Geschicklichkeit wissen sie irgendeinen dunklen Punkt im Leben eines sonst achtbaren Mannes oder einer ehrenswerten Frau herauszufinden, und wie der schlimmste Vampir saugen sie ihnen den letzten Blutstropfen aus. Wie manches Menschenleben haben sie auf dem Gewissen, und doch können sie nicht als Mörder behandelt und verurteilt werden.

Und nun das Ende. Entweder gehen sie an völliger Entkräftung, Schwindsucht, Auszehrung zugrunde, oder sie haben

sich in ein wirkliches Schwerverbrechen eingelassen, kommen auf lange Jahre ins Zuchthaus, sterben dort bald, weil sie das Leben nicht ertragen können, oder kommen auf kurze Zeit heraus und werden rückfällig und beenden dann später ihr entsetzliches Dasein hinter Gefängnismauern. –
Ich war längere Zeit Pastor am Hafenkrankenhaus in Hamburg und habe manche von diesen unglücklichen Menschen leiden und sterben sehen, und wenn ich auch wußte, wieviel Unrecht und Sünde sie getan haben, wie viel Schuld sie auf sich geladen haben, so wurde ich doch von tiefstem Mitleid oft ergriffen. Wie furchtbar haben die armen Menschen büßen müssen, wie völlig zerrüttet war so ein jugendlicher Körper, noch mehr zerrüttet eine jugendliche Seele! Sie waren von allen Menschen verlassen, hatten auch nicht einen einzigen Freund, kein Wort der Liebe, kein Wort des Trostes, und wenn ich ihnen dann ein Stück Liebe entgegenbrachte, weil Gott sie mir schenkte, so habe ich von diesen Ärmsten der Armen oft das Herz noch erobert und manchen Dank geerntet. Ich habe auch versucht, noch eine Versöhnung zwischen ihnen und ihren in weiter Ferne wohnenden, achtbaren Eltern herbeizuführen. Es ist mir nur in einem Falle geglückt, und da war es – zu spät; denn als die Mutter an das Sterbebett ihres Sohnes eilte, war er schon heimgegangen.
Er war ein großer, schöner Mensch von 23 Jahren. Er klagte sich und sein Leben mit vielen Tränen an, er gab niemanden anders Schuld an seinem Unglück, als allein sich selbst; er bat immer wieder um Vergebung und war meinen rein menschlichen und religiösen Zuspruch durchaus zugängig. Die Augen hatten einen eigenartig, fiebrigen Glanz, die Wangen waren eingefallen, und „Kirchhofsrosen" brannten auf ihnen. Der Körper war entsetzlich abgemagert, wirklich nur Haut und Knochen, die Brust arbeitete furchtbar, das gesunde, jugendliche, starke Herz wollte nicht brechen, er litt namenslos. Ich hatte soviel Mitleid mit ihm, und aus diesem Mitleid ward eine warme, aufrichtige Freundschaft. Heute morgen

war ich wieder bei ihm. Die Sonne schien so warm und freundlich durch die schmutzigen, vergitterten Fenster hindurch. Er lachte mich dankbar, so selig an, obgleich er kaum noch sprechen konnte. Er hauchte nur die eine Frage, die er mir so oft in den letzten Tagen gesagt hatte: „Ist Gott wirklich barmherzig?" „Ja, mein Junge," erwiderte ich ihm und wischte ihm den kalten Schweiß von der Stirn und strich das wirre Haar ihm fort, „ja, mein Junge, Gott ist barmherzig, soviel tausend und abertausend Mal barmherziger als alle Menschen; wir können uns gar keinen Begriff davon machen, wie gut Gott ist, der liebe, liebe Gott." So tröstete ich ihn und war so glücklich, der Prediger des Evangeliums zu sein. „Gott hat dir alle deine Sünden vergeben und heilt alle deine Gebrechen. Nun sei du aber auch hübsch ruhig und schlafe schön, heute nachmittag komme ich wieder zu dir". Und als ich des Nachmittags wiederkam, war das Bett schon – leer. Er war ganz sanft, ganz still, ohne Kampf hinübergegangen. Ja, Gott ist barmherzig, er wird seiner Seele gnädig sein. Ich klammerte mich in wirklicher Trauer an das Wort des milden Herrn. „Es wird im Himmel mehr Freude sein über einen Sünder, der Buße tut, als über neunundneunzig Gerechte, die der Buße nicht bedürfen." Ja, Gott nimmt Sünder an. Aber das leere Bett erhob eine so schwere Anklage gegen unsere Gesellschaft, gegen unsere heutigen Verhältnisse, gegen unser heutiges Leben. Mußte das sein? Mußte dieser unglückliche Mensch zugrunde gehen? Haben wir nicht Teil an der sozialen Schuld?

(aus: Schultz 1912, 32 ff.)

Für Pastor Schultz ist der Halbstarke ein unter Verwahrlosungsverdacht stehender, vom bösen Willen beseelter und arbeitsscheuer Jugendlicher, der die gesellschaftliche Ordnung gefährdet.[10] Mit moralischer Empörung und Panik ist der Halbstarke für ihn der bewußte,

> „der geschworene Feind der Ordnung, er hat eine leidenschaftliche Abneigung gegen die Ordnung; darum haßt er die Regelmäßigkeit, ebenso alles Schöne und ganz besonders die Arbeit, zumal die geordnete, regelmäßige Pflichterfüllung. So hat er gar keinen Sinn, kein Gefühl für das, was einem anderen Menschen das Leben lebenswert macht: Heim, Familie, Freundschaft, nun gar erst Vorwärtsstreben, Begeisterung; vor allen Dingen ist er völlig apathisch gegen ideale Güter, Kunst, Wissenschaft, Religion. Alles Schöne und Geordnete ärgert ihn, ... es reizt ihn direkt zur Sünde, läßt in ihm die Freude am Zerstören aus, und wenn es auch nur jener Vandalismus wäre, der zerstört, ohne den geringsten Vorteil zu haben. Er will da Gemeine, und das Gemeine ist ihm Lebenslust ... Diese Halbstarken bilden den Mob, sind eine furchtbare, grauenerregende Macht, zumal im großstädtischen Leben" (1912, S. 8 f.).

---

10 Von dem Typus „Halbstarker", dem er vor allem das Etikett „verkommen" (= falsch kommen, falsch in das Leben hineingekommen, auf den falschen Weg geraten) anheftet, unterscheidet Schultz den Vagabunden, Stromer, Lumpen, Zuchthäusler und Verbrecher.

Die Auffälligkeit sieht Schultz in dem provokativen, körper- und bewegungsbetonten, aggressiv-männlichen Habitus der Jungen; diesen beschreibt er anschaulich:

> „Da steht er an der Straßenecke, auf dem Kopf möglichst keck und frech eine verbogene Mütze, manchmal darunter hervorlugend eine widerlich kokette Haarlocke, um den Hals ein schlechtes Tuch gewunden, Rock und Hose zerrissen, mit vielen Dreckspritzern und sonstigen Flecken; das Fußzeug in einem entsetzlichen Zustand, im Munde die unvermeidlich kurze Pfeife, in unserer Gegend 'Brösel' genannt. Er ist selten allein und hat meistens seinesgleichen bei sich, mit denen er sich oft in albernster, kindischer Weise herum balgt. Die Unterhaltung, die sie führen, ist durchsetzt mit den greulichsten Schimpfwörtern. Er hat eine bewundernste Kunstfertigkeit im Spucken. Seine Freude ist es, die Vorübergehenden zu belästigen, auch älteren Herrn und Damen Gemeinheiten nachzurufen, ein Bein zu stellen oder ihnen etwas nachzuwerfen; geht ein Mädchen vorbei, so werden ihr die unflätigsten und gemeinsten Worte gesagt. Hunde und Katzen, auch Pferde werden oft in der rohesten Weise von ihnen gequält" (1912, S. 30).

Classen formuliert für die Rettung der „verlorenen Volkskinder" eine doppelte Aufgabe: die Herrschaft der Rohheit und Verkommenheit zu brechen, indem den guten Elementen „Rückhalt" geboten wird und die hoffnungslos „Verwilderten" herausgenommen und auf „besondere Weise" erzogen werden. Der „noch nicht verlorenen Jugend" schreibt Classen mit einem einfühlsamen Gestus und verstehender Sympathie „Kraft und Vitalität" zu. Dies zeigt er am Beispiel von Tedje Brit, der

> „um sieben Uhr auf die Straße tritt, sich reckt, sich streckt; um zehn wird er noch da stehen. Denn er hat wieder mal keine Arbeit. Er ist starkknochig, unordentlich, hat wüste Haare und eine Jockeimütze. Er ist roh – ein gewaltiges Kraftgefühl und stürmische Jugendlust stecken in ihm. Er tritt bei Volksaufläufen als 'Halbstarker' auf und bringt die Volksjugend in unverdient schlechten Ruf. Aber viel größer sind die Sünden der Eltern, der Schule, der Polizei, der Gesellschaft an ihm. Er wird in jeder Weise mißhandelt und mißerzogen. Tedje Brit hat noch einen unglücklichen Bruder ... Dieser Junge ist durch und durch verdorben, heimtückisch, trotzig, feig – ihm ist gar nicht mehr, jedenfalls in seiner Heimatstraße nicht mehr zu helfen" (1906, S. 73 f.).

Das bürgerlich-pädagogische Gegenbild und Ideal des „Jugendlichen", zu denen „Butje" und „Brit" erzogen werden sollen, lautet: Pflichtbewußtsein, Selbstkontrolle, gesellschaftliche Integration und regelmäßige Arbeit, Achtung der Konventionen des sozialen Lebens, methodische Lebensführung. Die leitenden Ideen wie Selbsterziehung, Wahrhaftigkeit, kameradschaftliche Führung, Gesundung, Körper- und Willenskraft sind mit den pädagogischen Reformorientierungen der bürgerlichen Jugendbewegung bzw. jugendbewegten Aktivitäten verbunden. Schultz und Classen wollen den heranwachsenden männlichen Jugendlichen eine Beziehung anbieten, bei denen ihnen „Persönlichkeiten, Freunde gegeben werden, denen sie vertrauen, die sie lieb haben kann" (1918, S. 86). Über das Programm, die Angebote und reformerisch-pädagogischen Intentionen der Lehrlingsvereine schreibt Classen u.a.:

> „Die Jungen sind ein Verein und sollen ihre Angelegenheiten selbst verwalten. Wir sind nicht Schule – dann fühlen Jungen sich verpflichtet, Ungezogenheiten zu begehen; nicht Kirche – dann sind sie voller Mißtrauen; kein bloßer Unterhaltungabend – dann fühlen sie sich nicht gebunden. Sondern wir sind ein Verein. Aber der Verein ist für uns eine pädagogische Form. Wir haben bei allem eine militärische Beständigkeit – Turnen, Bücherausgabe, Vortrag – alles hat seine feste Zeit. Sinn für Ordnung und Stetigkeit fehlt unseren Jungen nur allzusehr – sie müssen sie im Zusammenleben mit uns lernen" (S. 86 ff.).

Die praktischen Angebote und Aktivitäten, die mit ihrem bewahrenden und beschützenden Charakter vor „dem Schlechten behüten" und für das „Gute begeistern" sollen, umfassen vor allem körperliche Erziehung, Sport, Fußball, Turnen, Wanderfahrten, Arbeiten in einer Landkolonie (Gärten), Literaturabende, Vorträge. Ziel der Leiter von Lehrlingsvereinen ist die Charaktererziehung der „begabten und regsamen Arbeitersöhne", der schulentlassenen männlichen Jugend, der „rohen und armen" Jugend.[11] Die Hoffnung richtet sich ferner – in einem

11 Gleichzeitig wird darauf hingewiesen, daß die Gehilfenvereine „durchaus auf religiösem und patriotischem Boden stehen, freilich nicht kirchlichen oder parteipolitischen Zwecken dienen" (Schultz 1904, S. 15, Classen 1918, S. 98). Der Gedanke von Lehrlingsvereinen, die sich wesentlich von den evange-

organisch-vitalen und kulturpubertären Verständnis von Erziehung – auf die Zähmumg der Vitalität und die „Kräftebildung" der „jungen Wildlinge". Persönlichkeit, Achtung und Erziehung sind die neuen reformpädagogischen Leitmotive auf dem Weg zu gesellschaftlicher Integration und Anpassung, realisiert im strukturellen Spannungsverhältnis von „Selbstverwaltung" und einem Leiter als „Freund und Helfer". In der reformpädagogischen Literatur über die außerschulischen Erziehungsanstrengungen wird immer wieder die persönliche Hingabe und Hilfeleistung der Erzieher betont. „Die Persönlichkeit soll immer dahinter stehen; ohne persönlichen Einfluß kein bleibender Erfolg. Weder Schule noch Kirche, weder Wohltätigkeit noch Gesetz kann so viel tun wie ein Freund für einen Freund, ein Mensch für den anderen" (Kerschensteiner 1900, S. 64 f.). In dieser Perspektive von Integration, Anpassung und kameradschaftlicher Hilfe werden alle Aktivitäten (Spiele, Vorträge, Lieder, Wanderfahrten, Turnen, Fußball) der Lehrlingsvereine in ihren pädagogischen Arrangements und Wirkungen reflektiert; zu den Vorträgen heißt es z.B.:

---

lischen Jünglingsvereinen und katholischen Gesellenvereinen unterscheiden, geht Anfang der neunziger Jahre von dem Pastor von Ruckteschell in Eilbeck (Hamburg) aus; unter ihm hatte Schultz gearbeitet.

„Wer zur Jugend redet, soll die Jugend verstehen und ihre Art ehren. ... Sie dürstet nach Begeisterung. Taten und Männer will sie sehen. Ein paar Dinge gibt es, von denen sollte ein rechter Freund zu jeder Generation von Jungen einmal reden: von den guten Manieren, von den einfachsten Rechtsbegriffen, denen jeder täglich begegnen muß, von dem Militärleben, in das jeder einmal eintreten soll. Endlich soll zu den jungen Gehilfen einmal offen von dem Geschlechtsleben gesprochen werden." (S. 115 ff.).

Im Winter 1904/05 gibt es in Hamburg insgesamt 18 Lehrlingsvereine mit über 1000 Mitgliedern und 7 Gehilfenvereine mit knapp 200 Mitgliedern. Mit dieser reformpädagogischen, verstehenden und helfenden Rettungsstrategie, den entwickelten Organisationsformen sollen die „verlorenen, verwilderten – trotzigen, faulen und frechen – Volkskinder" von der Straße geholt werden. Ihre Freizeit und ihr „Freiheitsdrang" sollen pädagogisch durch ältere Leiter und Helfer (in einem Heim, durch Aktivitäten) organisiert und in „kultivierte Bahnen" gelenkt werden; diese Rettungs- und Erziehungsstrategie findet auch in anderen Städten durchaus Resonanz. Mit großem praktischen Engagement, verstehender Sympathie und sensibler, dichter Beschreibung des Alltags der Jugendlichen (in Schule, Familie, Konfirmationsunterricht, über ihr Leben insgesamt) stellt Schultz seine Kraft in den Dienst der „Jugendnot". Die praktischen Ansätze und Erfahrungen bleiben in ihrer

Reichweite jedoch begrenzt und zeigen Schultz schmerzlich die Grenzen, die Reichweiten, die Ohnmacht und das Scheitern von pädagogischen Bemühungen (und dem zugehörigen Eros) auf. Erreicht werden zwar Lehrlinge in ihrer Freizeit, nicht jedoch gerade die Jugendlichen aus den unteren sozialen Schichten, die „zur Marginalität verdammt sind" (Peukert 1986, S. 392). Das zeigt auch die pädagogische Strategie und Selbsteinschätzung von Classen, wenn er differenziert:

> „Erstens gilt es die Herrschaft der Rohheit und Verkommenheit zu brechen, indem man den guten Elementen Rückhalt gibt, sie sammelt und Stufe nach Stufe nach unten vordringt, an sich heranzieht, was noch zu beeinflussen ist. Zweitens müssen die hoffnungslos Verwilderten schnell herausgenommen und auf besondere Weise zurechtgebracht und erzogen werden" (S. 31).

Mitteilungen über nonkonformes, aggressiv-provozierendes Verhalten von Jugendlichen melden staatliche Behörden mit Beginn des Ersten Weltkrieges. Es gab ab 1914 erhebliche Anstrengungen des autoritären Wilhelminischen Staates und vor allem des Militärs, die männliche Jugend im Rahmen von Jugenkompagnien vormilitärisch auszubilden und ihre ideologische Kriegsbegeisterung und praktische Kriegsfähigkeit zu sichern[12].

12 Sie wurde mit der Gründung des „Zentralausschusses zur Förderung der Volks- und Jugendspiele" 1891, mit den „Ju-

Die umfassende vormilitärische Jugenderziehung/-ertüchtigung und planmäßige Militarisierung der männlichen Jugend ist ein wesentliches Element der nationalen Jugendpolitik und der „vaterländischen Erziehung" des Wilhelminischen Staates (Fritz/Hafeneger/Krahulec/Thaetner 1990). In einer Mitteilung des Regierungspräsidenten in Wiesbaden vom 5. Mai 1915 an die Landräte und Polizeipräsidenten heißt es zu den „Störungen" der Übungen.

> „Es ist bei mir Klage darüber geführt worden, wie die militärische Vorbereitung der Jugend nicht selten dadurch zu stören versucht werde, daß außerhalb der Organisationen stehende Burschen die Übungen der Jugendkompagnien (auch in öffentlichen Lokalen usw.) mit Johlen, Pfeifen und abfälligen Bemerkungen begleiten, welche darauf abzielen, die Teilnehmer lächerlich zu machen und von der Beteiligung abzuhalten. Im Einvernehmen mit dem Herrn Vertrauensmann für die militärische Vorbereitung der Jugend im Regierungsbezirk Wiesbaden weise ich die nachgeordneten Polizeibehörden hierdurch an, gegen diesen Unfug auf das nachdrücklichste vorzugehen und die Übeltäter gegebenenfalls in Gemäßheit des Gesetzes vom 23. April 1883 (G.-S. 65), in Verbindung mit § 360, XI des Reichs-Straf-Gesetz-Buches mit den höchst zulässigen Strafen zu belegen.

---

gendwehren" und „Wehrkraftvereinen", dem „Jungdeutschlandbund" und dem preußischen Jugendpflegeerlaß von 1911 eingeleitet.

Sollten im ordentlichen Rechtsweg Freisprechungen erfolgen, so bitte ich darauf hinzuwirken, daß sofort Berufung eingelegt wird. Sollte solchen Ersuchen nicht entsprochen werden, so ist mir umgehend eingehend zu berichten, damit ich erforderlichen Falles mit der Staatsanwaltschaft unmittelbar in Verbindung trete".

2. Weimarer Republik

2.1 Jugenddiskussion

In den zwanziger Jahren und vor allem in den letzten Jahren der Weimarer Republik konzentriert sich die „Jugenddiskussion“ auf die sog. „schwererziehbaren oder verwahrlosten“ Jugendlichen, auf „abweichendes Verhalten“ in den Formen von Verwahrlosung, Gewalt, Kriminalität und Wanderung. Basis der Thematisierung in Pädagogik, Erziehung und Jugendpflege sind Erkenntnisse der zeitbezogenen Jugendforschung und Erfahrungen in der pädagogischen Praxis. Institutionell ist die Diskussion angesiedelt im Kontext von Fürsorge-, Arbeits-, Anstaltserziehung, von Jugendgefängnis einerseits und von präventiven Maßnahmen, Erziehung, Jugendpflege (bürgerlicher Jugendbewegung) und Jugendschutz andererseits. In der Diskussion über die Ursachen von Gefährdung und abweichendem Verhalten wird versucht, unterschiedliche Faktoren miteinander in Beziehung zu setzen. Die Formeln und Kompromißbildungen, angesiedelt zwischen medizinischem und erzieherischem Paradigma, lauten beispielsweise so: „Die Einflußsphären der allgemeinen sozialen Faktoren und der psychischen Veranlagung berühren und durchkreuzen sich“ (Többen 1927, S. 208).

In der sozialpädagogischen Fachliteratur ist die Rede von der „Verwilderung und Verrohung“ von Jugendlichen. Es wird u.a. über „wilde Cliquen“ und deren körperbetonte „kulturelle Praxen“ als Sinnbild für die Verrohung und Unkultiviertheit, über aggressives Auftreten, Handgreiflichkeiten und auffallende Kostümierung, über „jugendliche Banden“ wie auch Banden von Knaben im „beginnenden Reifealter“ berichtet (Goldbeck 1926). Das „Reifealter“, Probleme der Psychologie der reifenden Jugend und der von ihnen zu leistenden Entwicklungsaufgaben, jugendpsychologische Studien zu Bedeutung, krisenhaftem Verlauf von Pubertät und Adoleszenz, zur Entwicklung des Ichs und der allmählichen Entstehung eines Lebensplanes werden in der Literatur zu einem zentralen Thema. Das gilt für unterschiedliche Ansätze und Vorgehensweisen, die sich in theoretisch-systematischen, typologischen und kasuistischen Auseinandersetzungen mit „Jugend“ wiederfinden (u.a. Bühler 1925, Stern 1925, Spranger 1928). Neben Spranger, Tumlirz in der Psychologie und Dehn, Classen, Schultz, Hoffmann und Foerster in der Jugendpflege verwendet vor allem Curt Bondy den Begriff „Bande“ für gewaltförmige Verhaltensweisen von Jugendlichen.[13] In allen identifizierten kulturellen Gruppentypen dominieren männliche Jugendliche aus den unteren sozialen Schichten. Sie sind mit ihren Ausdrucks- und Organisationsformen, ihren Mentalitäten und Inszenierungen „Produkt" der Verhältnisse in der Weimarer Republik, die u.a. von sozialen Desintegrationsprozessen, Wirtschaftskrise und Arbeitslosigkeit, katastrophalen Wohnverhältnissen, schlechter Ernährungs- und Gesundheitslage, gesellschaftlicher und politischer Polarisierung sowie finanziellen Schwierigkeiten bei Reich, Kommunen und Verbänden der Wohlfahrtspflege bestimmt sind (vgl. u.a. Ehrhardt 1929, Meves 1929, Ehrhardt 1930).

Die Reflexion über Verwahrlosung, Jugendkriminalität und jugendkulturelle Gruppen ist in der reformpädagogischen Diskussion der Weimarer Republik in die wissenschaftliche Perspektive und methodischen Instrumentarien der „helfenden und erziehenden Milieukunde" eingebunden. Dieser Ansatz beschreibt und reflektiert vor allem die kulturellen und sozialen Verhältnisse mit ihren Folgen in den Verwahrlosungsformen bei Kindern und Jugendlichen; daraus werden präventive, helfende und repressive erzieherische und frei-

---

13 Dehn (1922) spricht von den „verlorenen Kindern des vierten Standes", daß sie „an den Straßenecken oder in den Hausfluren" herumstehen; daß die Halbstarken dann da sind, wenn „irgendwo etwas los" ist (S. 82 ff.).

zeitkulturelle Angebote sowie Maßnahmen der Bekämpfung gefolgert, die sich an Befriedung und Versöhnung mit der sozialen Lage – im Kontext einer domestizierenden pädagogischen Strategie –, primär jedoch am „höheren" bürgerlichen Kulturverständnis und der (herzustellenden) gesellschaftlichen Normalität orientieren.[14] Die zeitgenössische jugendpsychologische und -pädagogische Diskussion entwirft im Kontext der bürgerlichen Reformpädagogik ein komplexes Bild der „Reifezeit" und zeichnet sensibel „die ganze Lebensform des Jugendlichen" (Bühler 1925) nach. Für Nohl ist – mit Bezug auf Charlotte Bühler – die „Geschlechtsreife mit ihrem seelischen Reflex und ihrer geistigen Verarbeitung nur eine Seite der Entwicklung, sie hat daneben auch einen von ihr ganz unabhängigen, rein geistigen Einsatz" (1927, S. 134). In Anknüpfung an Eduard Spranger und William Stern meint er damit „die Entdeckung des Ichs, der Werte und der Welt". Die (biologische) Reifezeit (Geschlechtsreife) und seelische Pubertät ist für Nohl „der Wille zur Autonomie" mit den Merkmalen: selbst entscheiden, kritisieren, werten, Verhältnisse eingehen und sich selbst bestimmen. Die leitende Vorstellung ist, daß das ganze Leben – mit der Auflösung bisheriger Bindungen, Gegebenheiten und Autoritäten

14 Vgl. die 1956 erschienene Aufsatzsammlung von A. Busemann unter dem Titel „Beiträge zur pädagogischen Milieukunde".

– neu strukturiert wird. Die Phase der Ablösung und Trennung von Elternhaus, Erwachsenenwelt und das gleichzeitige Hineinwachsen in diese ist für die Reformpädagogen u.a. geprägt von „Geltungswillen, Auffallenwollen, Renommieren, Verhöhnung des Erwachsenen". Trotz allem überschäumenden Enthusiasmus über die Bedeutung und (gesellschaftliche) Entwicklungsgeschichte der Jugendphase mit ihren Projektionen und Bildern in der Reformpädagogik wird durchaus ihre Ambivalenz und Spannung gesehen: Sie hat einen anerkannten kulturellen „Selbst- und Eigenwert", und sie ist „Stufe" im Übergang in die Erwachsenengesellschaft; sie ist Ideal (Wille zu einer besseren Welt) und Milieu (gesellschaftliche Realität).[15] Nach dieser Charakterisierung hat die „Reifezeit" vielfältige Erscheinungen von Spannungen, Dissonanzen, Verstimmungen und Gereiztheiten zur Folge, aber auch Enthusiasmus, Träume, Radikalität. Die eigentlich schöpferische Leistung der Jugendphase und gleichzeitig die Lebensaufgabe des Menschen ist für Nohl der „Kompromiß im höheren Sinne" (1927, S. 136), das Zusammenwirken (Kompromißbildung) der „Idealität" des jungen Menschen mit

15 Für Bernfeld ist es das Ziel der Pädagogik, die Synthese aus beiden zu finden: Jugendliche Eigenart (Kultur) zu erhalten und zu sichern, sie gleichzeitig zu verändern, um Jugend den Übergang zu ermöglichen, sie in die Gemeinschaft der Erwachsenen und deren Kultur einzugliedern. (1917, S. 246 f.)

den Erfahrungen der gesellschaftlichen Realität und von Lebensverhältnissen.[16]

2.2 Halbstarke, Banden, Cliquen

Der Berliner Pastor Günther Dehn greift den Begriff „Halbstarke" auf und verwendet ihn für die „verwahrloste männliche Großstadtjugend". Ihr Lebens- und Gestaltungsspielraum ist die „gefährliche" Straße; diese ist das Terrain der Arbeiterjugend und vor allem der „Halbstarken", auf dem sie versuchen, Bewegungssouveränität herzustellen.[17] Dehn, der an anderer Stelle durchaus ausgewogen und differenziert urteilt, charakterisiert die „Halbstarken" mit denunzierender Anschaulichkeit und sozial-hygienischem Blick u.a. so:

> „Dort sitzen sie in Haufen, die schmutzigen Karten oder den verschmierten Würfelbecher in der Hand, oder sie stehen an den Straßenecken oder in den Hausfluren. Die Sportmütze auf dem Kopf, die Zigarette im Mundwinkel, die Hände in

---

16 Herman Nohl knüpft damit an Überlegungen bei Dilthey an, der die Entwicklungsgeschichte im Zusammenhang von „Erfahrung" und der „idealen Gefühle und Strebungen" reflektiert.

17 Die „gefährliche" Straße kommt als Gestaltungsspielraum für die bürgerliche Jugend nicht in Frage; die Gefahr, in die Nähe von Verwahrlosung und Gewalt zu geraten, galt es zu verhindern.

> den Hosentaschen vergraben, um den Hals hat man ein Tuch zum Revolverknoten verschlungen, der Kragen und Krawatte vertritt. Ist irgendwo etwas los, ein Krawall oder Auflauf, dann sind sie da. In der Tasche haben sie Steine, gelegentlich auch ein Schießwerkzeug, mit den Fingern bringen sie gellende, durch Mark und Bein dringende Pfiffe hervor, vom Hinterhalt her wird so Revolution gemacht, mit Geschrei und Gejohle. Wendet man sich energisch gegen sie, so verschwinden sie wie die Ratten in ihren Löchern, denn dieses Volk ist feige" (1922, S. 86 f.).

Die „Wilden Cliquen" sind eine Form der provokanten proletarischen Jugendkultur in Großstädten, in denen sich vor allem arbeitslose und unqualifizierte männliche Jugendliche im Alter zwischen 16 und 20 Jahren locker organisieren.[18] Bei ihren – für die Öffentlichkeit ebenso bedrohlichen wie charakteristischen – Aktivitäten auf der Straße, im Quartier, in Kneipen, auf Rummelplätzen, auf dem Tanzboden oder bei Wanderungen haben alltagskulturelle Rituale, körperliche Stärke, Kraft (boxen, ringen) und „Rohheit" große Bedeutung. Ihr aggressiver und kreativer Bewegungsraum sowie ihre Gestaltungsfläche sind öffentliche Räume: die Stadt, die Straße,

18 Eine detaillierte Darstellung und jugendkulturelle Einordnung der „Wilden Cliquen" liefern H. Lessing/M. Liebel (1981). Den „Wilden Cliquen" gehörten z.B. in Berlin etwa 10.000 Jugendliche (= 7% der Berliner Arbeiterjugend) an, die typische Clique hatte eine Lebensdauer von 2 bis 3 Jahren; vgl. auch Peukert (1983 und 1984).

der Rummelplatz. Hier ist ihr gemeinschaftsbetontes Territorium, hier kennen sie sich aus und sind sie zu Hause.

Ehrhardt (1929) sieht im Bandenwesen der Großstädte eine besondere Gefährdung und Form der Verwahrlosung von Jugendlichen:

> „Unsere Betrachtung darf nicht an einigen weiteren Ursachen der Verwahrlosung und Gefährdung der Großstadtjugend vorübergehen. In erster Linie ist hier der *Rummelplatz* zu nennen, der in allen Großstädten unter wechselnden Namen und veränderlichen Erscheinungsformen die jungen Menschen anlocken versteht. Er bietet eine unverbindliche billige Unterhaltung und vermittelt die unseligen ersten Bekanntschaften mit der käuflichen Liebe, dem verwahrlosten Altersgenossen, dem Gelegenheitsmacher von Straftaten. Jeder großstädtische Jugendrichter und Fürsorger erlebt unter seinen Schützlingen eine Fülle von Beispielen, in denen die Verwahrlosung ihren Anfang auf dem Rummelplatz genommen hat.
> Dem *Lichtspieltheater* und der *Schundliteratur* kann ich nach meinen Beobachtungen nur eine sehr mittelbare Rolle bei der Verwahrlosung der Jugendlichen zuweisen. Beide sind geeignet, die jugendliche Phantasie übermassig zu erhitzen und gelegentlich auch zu vergiften. Die Hintergründe der meisten Straftaten und Verwahrlosungen stellen sich als Reaktionen auf wirtschaftliche Notlage, psychische Erkrankungen, direkte Verführungen durch Genossen dar, nur wenige sind von der Schundlektüre oder den Abenteuern des Films angeregt oder mitbestimmt.
> Sehr viel ernster und bedrohlicher ist besonders in den letzten Jahren das Bandenwesen der Jugendlichen zu beurteilen ... Von den auch früher bestehenden harmlosen Wander- und Geselligkeitsvereinigungen Jugendlicher heben sich in auffal-

> lender Schärfe die wilden Cliquen ab; meist sind es Wandervereinigungen, mit mehr oder weniger auffallenden Namen, wie 'Nordpiraten', 'Modderkrebs', 'Tatarenblut'. Diese Vereinigungen sind meist nach aussen völlig abgeschlossen; einige machen ihre Mitgliedschaft von der Arbeitslosigkeit oder von der Straffälligkeit abhängig. Sie bilden meist eine Bruderschaft, die keinen Verrat duldet und in fast jedem Falle einen Übergang zu den ausgesprochenen Verbrechervereinen der Erwachsenen darstellen. Mit der Entwicklung der grossen Städte und der Begünstigung der Anonymität des Einzelnen gehen solche Erscheinungen wohl immer parallel. Sie bedürfen aber wegen ihrer Gefährlichkeit der besonderen Aufsicht der Fürsorge- und Jugendschutzorgane" (S. 16 f.).

Ehrhardt (1930) schätzt für Berlin etwa 100 Cliquen mit einer durchschnittlichen Mitgliederzahl zwischen 10 bis 100. Er weist – neben durchaus sensiblen sozialen Ursachenbenennungen im Kontext von Arbeitslosigkeit, sozialer Not, Familienzerfall – vor allem auf deren gesellschaftsbedrohenden (kriminellen) Auswirkungen hin und fordert fürsorgerische sowie strafende „Maßnahmen". In dem Text finden sich vorwurfsvolle, anklagende und beschwörende Figuren; dies belegt ein längerer Auszug:

> „Einzelne Cliquen beherrschen und terrorisieren ganze Straßenzüge und Stadtteile. Alle Schattierungen von Cliquen gibt es: harmlose Wandervereinigung und 'beinahe' Verbrechervereine, die Mitglieder reichen vom harmlosen Nur-Wanderer bis zum bewußt kriminellen Jugendlichen, der zu den ausgesprochenen Verbrecherorganisationen hinüberlangt.

Zu einer besonderen Gefahr wird aber die Verdienst- und Beschäftigungslosigkeit für den Jugendlichen, wenn sie von längerer Dauer ist. Er entwöhnt sich der Arbeit und ist Verführungen krimineller und sexueller Art in dieser Zeit naturgemäß am leichtesten zugänglich. Ein Teil der aktivsten Elemente der Jugendlichen, soweit er sich nicht politisch betätigt, findet sich bei den Arbeitsnachweisen, in Wärmehallen, Volksspeisungsgelegenheiten und auf der Straße als Clique zusammen; er spricht eine gemeinsame Sprache: die der unbesorgten Frechheit und Herausforderung und hat einen gemeinsamen Feind: die Ordnung.
Denn hier (in der Clique, B. H.) findet er Ablenkung, Beachtung, Freundschaft, Liebe, vor allen Dingen aber Befriedigung des gerade bei proletarischen Jugendlichen oft übermäßig gesteigerten Erlebnishungers, alles Dinge, die ihm zu Hause nicht mehr zuteil werden. Die Clique bietet ihm da vollen Ersatz, er verschreibt sich ihr deshalb auf Gedeih und Verderben.
Die Aufnahme in die Clique ist manchmal äußerst schwierig und wird in einigen Gruppen unter Riten vollzogen, die unglaublich ekelerregend sind. Der Führer ist der 'Cliquenbulle', er wird nach dem Prinzip der Tüchtigkeit gewählt, d.h. er muß ein anerkannter 'Schläger' sein, über genug Mut, Gewandtheit und Kraft verfügen, die Gruppe zusammenhalten und sich vor den übrigen Gruppen behaupten. Trotz aller Gemeinsamkeit besteht zwischen den vielen Cliquen ein dauernder Kriegszustand, der geringste Anlaß genügt, um eine Schlägerei zu entfesseln, die – wenn sie in einer Gastwirtschaft erfolgt – fast regelmäßig mit einer Demolierung des ganzen Lokals endet.
Das geschlossene Auftreten der Mitglieder, ihre beherrschende Stellung auf der Straße, auf dem Rummel und auf dem Tanzboden, weiter ihre Taten zwingen auch den Unbeteiligten

ein Gefühl von Ehrfurcht, Achtung und Anerkennung ab." (1930, S. 414 ff.).

Bondy erkennt in den jugendlichen Banden eine „typisch jugendliche Struktur"; er unterscheidet nach Knabenalter (6-14jährige) und Jugendlichen (14-18jährige), und er fragt nach den „inneren und äußeren Motiven". Bei seinem Überblick über die Bandenbildung weist Bondy zunächst auf die Vergesellschaftung von Jugendlichen in Form von Gruppenbildungen hin. Dabei unterscheidet er Gruppen (der normalen Jugend, der Jugendbewegung) von Banden. Er verweist bei den antisozialen, kriminellen Banden auf die für ihn typischen äußeren Merkmale der jugendspezifischen Struktur: „Einbruch, Diebstahl, besonders Taschendiebstahl und Raub" (1926, S. 147).

Auch wenn bei der männlichen Jugend auf dem Lande nicht von kriminellen Banden gesprochen wird, so gibt es doch über deren Gefährdung wiederholt Berichte:

„Männliche Jugend auf dem Lande
Ein wie großer Teil unserer städtischen, namentlich großstädtischen, Bevölkerung ist vom Lande her in die Stadt gewandert, und zwar vielfach schon in jungen Jahren. Wie häufig sind junge Menschen vom Lande, die erst einmal in der Stadt gewesen sind, für das Land verloren. Die Gründe liegen ganz klar auf der Hand: Zunächst die wirklichen oder angeblichen Annehmlichkeiten der Stadt, die Verwischung der sozialen Gegensätze, die größeren Verdienstmöglichkeiten und die geringere Arbeitsleistung. Wenn heute der Zug in

die Stadt vielleicht zugunsten des Landes sehr oder weniger abgenommen hat, so ist das zum großen Teil sicher in der ungünstigen Lage der Industrie begründet.
Wenn wir Jugendarbeit auf dem Lande treiben wollen, müssen wir die Jugend natürlich so nehmen, wie sie nun einmal ist. Die Jugend auf dem Lande ist nicht besser und nicht schlechter als diejenige in der Stadt, um die man sich allgemein viel mehr kümmert.
Auf die sittlichen Zustände des Landes hier näher einzugehen, fehlt es an Raum, sie lassen sicher sehr viel zu wünschen übrig; es sollen unsere Landjungens bezüglich sittlicher Verfehlungen gewiß nicht in Schutz genommen oder entschuldigt werden, aber man muß doch zugeben, daß durch die schlechten Einflüsse von der Stadt aus, durch Schmutz und Schund in Wort und Bild, durch das Fehlen von Ablenkungsmöglichkeiten und durch vielerorts sehr laxe Bauernmoral die sittlichen Zustände auf dem Lande durchaus begreiflich sind, nicht zuletzt auch durch die Tatsache, daß beide Geschlechter schon beruflich immer zusammen sind.
Die Dinge liegen ja heute so, daß auch auf dem Lande trotz aller Arbeit die Jugend namentlich an Sonntagen freie Zeit hat und einfach nichts damit anzufangen weiß; es ist aber doch traurig, wenn die Menschen unserem Herrgott den Tag totschlagen. Es ist daher immer eine Freude, auf dem Lande Sportvereine zu sehen, daß es sich dabei meistens um Fußball handelt, ist ja weniger erfreulich, aber besser etwas als gar nichts. Aber wie viele der großen Jungens wissen trotzdem nicht, wie sie den Sonntag hinbringen sollen, zumal eine geistige Beschäftigung für sie durchschnittlich wohl nicht in Betracht kommt. Teilweise ist die Jugend aber doch nicht ganz frei, weil zu gewissen Tageszeiten das Vieh besorgt werden muß, und gegen die bestehenden Verhältnisse kann die Jugend doch nichts tun. Die Folge ist der Besuch des Wirtshauses, oftmals schon am frühen Nachmittag, der mehr

oder weniger große Konsum an Alkohol und Nikotin und der Tanz, natürlich nach städtischem Muster. Auf einer ganz kleinen Bahnstation war kurz vor Weihnachten zu lesen, daß eine umherziehende Truppe Darbietungen aller Art brächte und nachher 'Jazzband-Musik' geboten würde. Und dann erwarten gewisse Kreise, daß die Landjugend unschuldig und rein sei und bleibe, weil keine Möglichkeit zur Verderbtheit vorhanden sei.

In erster Linie sind die jüngeren Geistlichen berufen, sich der Landjugend anzunehmen und sich ihr nach ihrer Eigenart zu widmen. Unsere großen Jungens wollen von den Pastoren nichts wissen, kann man bei jeder Gelegenheit hören, zunächst ist das richtig, aber es kommt doch wohl sehr darauf an, wie die Jugend behandelt wird, die naturgemäß meistens ein pastorales Wesen mehr oder weniger ablehnt, oder, wenn sie sich schon damit zufrieden gibt, zu dem Führer kein innerliches Verhältnis gewinnt. Wenn sich aber die Pastoren einmal unter Berücksichtigung der jetzigen Verhältnisse in die Seele der Knechte hineindenken und ihnen dann entsprechend gegenübertreten, wird sich in den meisten Fällen schon ein annehmbares, ein gutes oder gar freundschaftliches Verhältnis entwickeln."

(aus: der Zwiespruch, Nr. 27/28, vom 2. 4. 1926).

Eine weitere Problemgruppe wird aus der Sicht staatlicher Jugendpflege in den „gefährdeten und verwahrlosten" Wanderern (im Gegensatz zum ordnungsgemäßen Wandern) gesehen. Hartmann (1925) diagnostiziert Gründe für die Verwahrlosungserscheinungen von männlichen jugendlichen Wanderern, deren „Verwilderung und Verrohung" er vor allem in ungünstigen Familienverhältnissen, in Wohnungsnot und Arbeitsmarktlage sieht. Für ihn ist das verwahrloste „Umhertreiben“ und die „Begehung von Straftaten“ eine zentrale Herausforderung für die Jugend- und Wohlfahrtsämter.

2.3 Erklärungsangebote

Während Ehrhardt vor allem auf soziale Ursachen wie Arbeitslosigkeit, Armut, Familienverhältnisse, die schlechte Ausstattung und Qualifikation in der (Jugend-)Wohlfahrt hinweist, unterstellt Bondy den Knaben und Jugendlichen drei zu vergesellschaftende Triebkräfte: Abenteuerlust, Geltungsstreben, Führungsbedürfnis. Für ihn kann sich die Sehnsucht nach Außergewöhnlichem in unterschiedlichen Formen ausleben und organisieren, u.a. in Flegelhaftigkeit, in Ersatzangeboten wie „Schundliteratur, Kino, Bordell". Das unangemessene Ausleben des „Triebhaften" kann in „Bandeninstinkten in der gröbsten Form und in antisozialer Weise zum Ausdruck kommen" (ebda., S. 149). Als charakteristische Merkmale, die von denen der sog. normalen Jugend abweichen, werden „unglaublicher Erlebnishunger, Straßenkämpfe untereinander, Ausschreitungen, Kampf mit dem Wächter oder Schutzmann, die dauernde Spannung" (ebda., S. 149) hervorgehoben.

Die zeitgenössischen Interpretationsangebote von asozialen Verhaltensweisen reichen von biologistischen Hinweisen über die „führerlosen, zügellosen und triebhaften" Jugendlichen („Entfesselung der niederen Triebe") bis hin zu sozialen Diagnosen, die sich auf Beschreibung der Milieus von Familie und Umwelt (z.B. Arbeitslosigkeit, Wohnungsnot, sozial-räumliche Enge) beziehen. Die Erklärungsdiskussion ist neben Forderungen zur

Verbesserung der sozialen Lage von Jugendlichen mit Erziehungsratschlägen/-maßregeln verbunden, die bis hin zu fürsorgerischen Maßnahmen, Fürsorgeerziehung und Strafvollzug reichen.

Ein weiterer Hinweis bezieht sich auf die Bedeutung von Gruppen, die zur Ersatzinstitution, zur kompensatorischen Gemeinschaft für die verlorengegangenen Funktionen der gesellschaftlichen Institutionen werden; dies wird vor allem als Reaktion auf die Auflösung der engen Beziehungen der proletarischen Familie und von traditionellen Gemeinschaften interpretiert.

In der Diskussion um straffällige Jugendliche wird von „bedenklichen Cliquen" und Banden in Großstädten berichtet, die als Opfer von Arbeitslosigkeit hier ihr „Glück versuchen", die in Not und in Sittlichkeitsdelikte geraten und dann durch Körperverletzungen, Diebstahl (z.B. Fahrräder) und Raub auffallen. Das Jugendstrafrecht wird in reformorientierter Perspektive auch unter dem Gesichtspunkt der Nacherziehung und von Erziehungsmaßnahmen „pädagogisch" diskutiert. In der Jugendwohlfahrt werden neben strukturellen Reformen und der Ausbildung einer neuen subjektbezogenen Pädagogik auch kontrollierende und repressive Instrumente gefordert. Dazu gehören neben der Fürsorge- und Arbeitserziehung z.B. die dauernde Beobachtung, der Ausbau des Meldewesens und die Anwendung von Schutzhaft gegenüber den „wilden Wanderern" (vgl. Hartmann 1925, S. 6 ff.).

Aichhorn (1925) wendet die Grundbegriffe und Erkenntnisse der Psychoanalyse auf die angeordnete Fürsorgeerziehung (Anstaltserziehung) an. Er erklärt mit ihnen Verwahrlosungserscheinungen, deren Ursachen/Motive und führt die Verwahrlosung auf gelernte individuelle und soziale Verhaltensprobleme vor allem in den Elternhäusern zurück. Er erklärt zunächst, warum sich die Mehrheit den sittlichen Normen einer Gesellschaft unterwirft und sieht dann drei „Störungsmöglichkeiten": wenn sich die Eltern unsozial verhalten (unsoziale Objekte); wenn durch Pflegestellenwechsel Identifizierung nicht zustande kommt (keine Objektbesetzung); wenn zu strenge Anforderungen des Ich-Ideals vorliegen. In den Störungen der Entwicklung des Realitätsprinzips unterscheidet Aichhorn drei „Typen": Verwahrloste aus zu viel Liebe (Verwöhnung), Verwahrloste aus zu großer Strenge (Perfektionismus), Verwahrloste aus Launennhaftigkeit (Unberechenbarkeit). Mit den Unterscheidungen wie Gefährdung, Vernachlässigung, Überforderung verbindet Aichhorn erzieherische Verhaltensmaßregeln. Er begründet Erziehungsbedürfnisse, die als „psychologische Einsichten, für den Fürsorgeerzieher für die Erfüllung seiner Aufgabe unschätzbar sind" (S. 9).

Im Rahmen seiner psychoanalytischen Theorieorientierung entwickelt der sozialistische Jugendforscher und Begründer einer „neuen Erziehung" Siegfried Bernfeld, der zugleich in der Jugendkulturbewegung aktiv war, in multidisziplinärer (psychologischer, soziologischer, pädagogischer) Perspektive einen (männlichen) „Begriff von Jugend" sowie theoretische Überlegungen zu zwei sozial unterschiedlichen Pubertätskonzepten von männlichen Jugendlichen.[19] In seinen idealtypischen pubertätstheoretischen Arbeiten differenziert Bernfeld die zwei (schichtenspezifisch zugeordneten) Pubertätsverläufe: die „gestreckte Pubertät" (mit dem Verlauf von Sublimierungsprozessen als „genialisch" oder „neurotisch"), deren sozialer Ort das „Bürgertum" ist, und die „einfache Pubertät", deren sozialer Ort die „Arbeiter/Bauern" ist. Für den Verlauf der Pubertät macht er unterschiedliche Eigentümlichkeiten der sozialen Orte verantwortlich. Im Rahmen des Verlaufs der „einfachen Pubertät", die er in Teilen des sozialen Milieus (der sozialen Orte) von „Kleinbauertum" und „großstädtischem Proletariat" in einer sozial-moralisch fragmentierten Weimarer Republik findet, thematisiert er auch „Verwahrlosungsphänomene". Der Begriff des sozialen Ortes meint bei Bernfeld konkrete, maßgeblich prägende Lebenswirklicheiten im Rahmen von sozialen Klassenverhältnissen, die sich u.a.

19 Der Wissens- und Forschungszusammenhang der „Jugendkunde" ist für Bernfeld vor allem die Zusammenfassung von Ergebnissen aus Psychologie, Soziologie und Physiologie. Bernfeld gehört neben Karl Wilker und Curt Bondy zu den bedeutensten Reformpädagogen; er begründet eine „neue" psychoanalytisch orientierte Sozialpädagogik.

in chronischem Geldmangel und geringem Selbstwertgefühl von proletarischen Jugendlichen niederschlagen. Zur Vermeidung bzw. Bewältigung des zentralen Affektes der narzistischen Kränkungen beim einfachen Pubertätsverlauf (im Gegensatz zur inneren Angst bei der neurotischen Pubertät) schreibt er: „Dies Verhalten seiner Umwelt und vor allem seiner Erzieher/Pädagogen (gegenüber der Bejahung der Geschlechtsreife; dem aus der Kindheit ungebrochenen Wunsch, groß zu sein (B. H.), drängt den Jugendlichen dieses Typs, der ohnedies zu einer männlichen, selbstbewußten, unabhängigen Haltung neigt, zur Ungebärdigkeit, Auflehnung, Aggression. Diesen Sachverhalt meint die sprichwörtliche Flegelhaftigkeit des Jugendlichen. Es sind narzistische Kränkungen, die ihm seine Umwelt zufügt, auf die er mit Wut, Ärger, Hochmut und Trotz reagiert" (Bernfeld 1935, S. 235). Aus der Perspektive des sozialen Ortes des Bürgertums (Bernfeld spricht von der „repräsentativen Schicht", B.H.) sowie deren – für allgemein verbindlich erklärten – Standards gelten der „einfache Pubertätsverlauf" und die Vermeidungen bzw. Bewältigungsversuche von narzistischen Kränkungen geradezu als niedrig und unerwünscht, als eine Art von Verwahrlosung.[20] Soziale Umwelt und bürgerliche Erzieher

20 In dem Text „Zur Sittenlosigkeit der Jugend" (1928) befaßt sich Bernfeld mit der Sexualentwicklung und dem -leben der

reagieren auf das gesteigerte Selbstbewußtsein der männlichen Jugendlichen in der Pubertät abwehrend.

> „Schätzen wir die Aggression richtig ein, so gewinnen wir Verständnis dafür, wenn die 'einfache Pubertät' der Verwahrlosung so nahe steht. Selbst die Mittel, die sich an ihrem sozialen Ort anbieten, die Aggression zu bewältigen, erscheinen von der Lebensweise und den Wertungen der repräsentativen Schicht her gesehen nicht selten als eine Art Verwahrlosung. Ich denke dabei in erster Linie an die großen Jugendorganisationen, denen sich die Pubertierenden vorzugsweise anschließen oder mit denen sie sympathisieren, also Gebilde von der Art der Cliquen in Deutschland, der Platten in Österreich oder Sportorganisationen wie Boxer und Fußballteams oder schließlich politische Organisationen der radikalen, also aggressiven Art. Verwilderung scheint die Signatur dieser Jugend zu sein, auch dort, wo sie in den Dienst, von ihrem Standort aus gesehen, idealer Ziele der Politik und der körperlichen Ertüchtigung stellt" (S. 248).

„höheren Schuljugend" und der „proletarischen Jugend". Er kritisiert die Wertungsunterschiede der „Pubertätspsychologen" Charlotte Bühler und Eduard Spranger, die die „gesunde und reine Jugend hymnisch besingen" (S. 334).
Der wertende Klassenunterschied ist für Bernfeld ein Teil jener Illusion: „die gebildete (in erster Linie bürgerliche Schul-) Jugend weiß ihre Triebe zu bändigen, sie lebt asexuell; die ungebildeten, halb verwahrlosten Massen hingegen sind von jener Reinheit weit entfernt" (S. 335).

2.4 Pädagogische Anregungen

Bondy lenkt den Blick auf die positiven Gemeinschafts- und Gruppenerfahrungen in der bürgerlichen Jugendbewegung, in der für ihn die gleichen Triebkräfte von Jugendlichen positiv gebunden werden, und empfiehlt als sozialpädagogische Konsequenzen:

> „Es hat sich gezeigt, wie bei den Grundlagen und Dispositionen die exogenen Einflüsse zu den verschiedensten Reaktionen führen können. Zu den exogenen Einflüssen gehören die unter Milieu zusammengefaßten Einwirkungen, besonders aber die Erziehungseinflüsse, insonderheit die des Führers und der wirkenden Vereinigung. Die sozialpädagogische Aufgabe wird also gelöst sein, wenn es gelingt, entweder die Bande in eine Gruppe zu verwandeln ... oder die einzelnen Mitglieder der Bande in eine Gruppe oder in eine Gemeinschaft herüberzuziehen" (ebda., S. 155).

Die Behandlung der verwahrlosten Jugendlichen ist für Aichhorn und in der reformpädagogischen Diskussion keine Strafmaßnahme sondern primär eine „pädagogische Aufgabe". Eine „Nacherziehung" der „kriminell gefährdeten jungen Generation" hin zur Kulturfähigkeit, zur kulturellen Normalisierung (von Erlebnissen) wird pädagogisches Ziel; dabei gilt es, die Motive, die dissoziales Verhalten verursachen, bewußt zu machen. Um den „objektiven Charakter" eines „Zöglings" erkennen zu können, wird die Psychoanalyse als ein wertvolles Erkenntnismittel gesehen; dies gilt für das „Verstehen und Erklären“ und in der „modernen Pädagogik“ für die Begründung des Wechsels der „personalen Situation“.

> „Die Verwahrlosung selbst ist dann nur der Ausdruck für Beziehungen zu Personen und Dingen, die andere sind, als die Sozietät sie dem Einzelnen zubilligt.
> Unsere Aufgabe als Fürsorgeerzieher setzt ein, wenn ein Erziehungsnotstand vorliegt, das heißt, wenn es der Erziehung nicht gelungen ist, dem Kind oder Jugendlichen die seiner Altersstufe normal entsprechende Kulturfähigkeit (d.h. Sublimierung der Triebe, B.H.) zu vermitteln“ (Aichhorn 1925, S. 13 f.).

Mit der Reformpädagogik beginnen Schule und Sozialpädagogik (hier: Verwahrlostenpädagogik) in den zwanziger Jahren sich von autoritären Vorgaben und der vorangegangenen „Zucht- und Rettungspädagogik“ zu lösen; sie definiert sich als „pädagogisch autonom“, vom Zögling ausgehend statt von Staat, Kirche, Partei, Recht oder Weltanschauung. Mit diesem Paradigmenwechsel beginnen Pädagogik und Jugendarbeit im Jugendlichen nicht einen Gegner, sondern vor allem einen in Schwierigkeiten geratenen jungen Menschen zu sehen, dem man zu Hilfe kommen muß. Die erzieherischen Anstrengungen zielen dabei auf die helfende, begleitende und möglichst reibungslose Integration einer von Kontinuitätsbrüchen gebeutelten proletarischen Jugend in den kulturellen Werte- und Normenhorizont der bürgerlichen Gesellschaft. Mit einer sozialen Sicht von Erziehung soll in einer neu akzentuierten, „subjektzentrierten" Perspektive („vom Kinde aus") auf die Lebensbedingungen von Jugendlichen sozialpädagogisch eingewirkt und ihr Leben jugendkulturell mit neuen Impulsen (angelehnt an die bürgerliche Jugendbewegung) versehen werden. In den sozialpädagogischen Reformdebatten der 20er Jahre bestimmen Begriffe wie „personale Bindung" und „pädagogischer Bezug" (verstanden als innerliche Bindung mit den Leitmotiven „Liebe und Achtung, Vertrauen und Bedürfnis" des Zöglings an den Erzieher) sowie „Selbstregulierung" (als Abwendung vom klassischen autoritär-hierarchischen Erzieher-Zögling-Verhältnis) die Diskurse um reformpädagogische Modelle bzw. Praxisversuche. Sie zielen mit Formen der Selbstregulierung als „Methode" einer Krisen- und Interventionspädagogik auch auf die – letztlich aus strukturellen Gründen gescheiterte – gesellschaftliche Integration der „unnormalen, sittlich gefährdeten" Kinder und Jugendlichen.

Der Beitrag der Psychoanalyse erfährt seine Würdigung vor allem in der Erklärung und Beeinflussung der Charakter- und Triebentwicklung von Kindern und Jugendlichen sowie in der Ablehnung von Strafe, weil es aufgrund mangelnder Liebeserfahrung in der Erziehung vor allem um Ermutigungen, aktiven Willen und positive Zuwendungserfahrungen (Annehmen) sowie Triebsublimierung zu gehen habe. Diese Orientierung und ein emphatischer Erziehungsgedanke sowie viele

Anregungen für die Erziehungspraxis beeinflussen und durchdringen die reformpädagogische Diskussion; Verwarnungen und Strafen erscheinen als ultima ratio.

> „Verwahrlosung beruht stets auf einem Mangel an Pflege, aktiver Sorge, die dem Kind entweder durch die Erziehungsberechtigten oder bei zunehmender Selbständigkeit durch sich selbst zuteil werden muß" (Hopmann 1931, S. 91).

3. Jugend im Nationalsozialismus

Der NS-Staat war strukturell gewaltförmig organisiert; das gilt auch für das Janusgesicht der Hitlerjugend (HJ), die – als Staatsjugend allein zuständig für die außerschulische Jugenderziehung – vor allem eine gewaltförmige, militarisierte Sozialisationsinstanz für männliche und weibliche Jugendliche war.[21] Es gab im Rahmen des Widerstandes, insbesondere der Jugendopposition gegen die NS-Diktatur und den Zugriff der HJ u.a. „abweichende" Gruppenbildungen von Jugendlichen, die in der vom Jugendführer des Deutschen Reiches im Jahre 1941 herausgegebenen Schrift „Kriminalität und Gefährdung der Jugend" pedantisch erfaßt werden. Diese aufschlußreiche NS-Quelle zur Sozialgeschichte der Jugend zeigt als „Lagebericht" eine „Gegner-Beschreibung" aus Sicht des NS-Staates. Den Über-

21 Die strukturell gewaltförmige Struktur der HJ, die gewaltförmige Durchsetzung der Absichten im Erziehungsalltag – auch gegenüber der weiblichen Jugend – können hier nicht untersucht werden; vgl. u.a. Hafeneger/Fritz 1993, Schubert-Weller 1993.

wachungs- und Kontrollorganen der HJ, der staatlichen Justiz, dem Sicherheitsdienst (SD) und der Geheimen Staatspolizei (Gestapo) sollte Material zur Verfügung gestellt werden, um den totalen Kontrollanspruch des NS-Herrschaftssystems und den Erziehungsanspruch der HJ (noch) besser durchsetzen zu können. Es ging den Überwachungs- und Kontrollorganen des NS-Staates um die Erfassung, Verfolgung und „Ausrottung" (so die NS-Diktion) von Jugendlichen und Gruppen, die sich außerhalb der Staatsjugendorganisation zusammenfanden, und von Lebensformen und Verhaltensweisen, die vom NS-Staat als illegal und „abweichend" deklariert wurden. Aus NS-Sicht wurden Gefährdung und Kriminalität u.a. vermutet in der bündischen Jugend, durch Cliquen- und Bandenbildungen, durch Homosexualität, Verwahrlosung und Jugendfahrtenwesen. In der Cliquen- und Bandenbildung, die in den Traditionen der bürgerlichen Jugendbewegung standen, wurden Erscheinungen der „politischen Zersetzung der Jugend" gesehen. Der NS-Staat hat – so seine Diktion – zwischen kriminell-asozialen und politisch-oppositionellen Gruppen unterschieden. In dem Lagebericht heißt es u.a.:

> „Die kriminell-asozialen Gruppen sind Zusammenschlüsse Jugendlicher zum Zwecke des gemeinsamen Herumtreibens und gemeinsamer Ausschweifungen. Die Tätigkeit dieser Gruppen beginnt mit harmlosem Herumstehen an Straßenecken, steigert sich später zu Belästigungen der Bevölkerung, Verübung groben Unfugs, gemeinsamen Trinkgelagen, um

schließlich bei sexuellen Ausschweifungen, Diebstählen und anderen strafbaren Handlungen zu enden.
Die politisch-oppositionellen Gruppen sammeln sich zumeist um bündische oder marxistische Elemente und erfassen im wesentlichen Jugendliche, die der Hitler-Jugend bisher nicht angehört haben oder aus der Hitler-Jugend ausgeschieden oder ausgeschlossen wurden. Sie vertreten gleichzeitig staats- und HJ-feindliche Ideen verschiedener Art (bündische, marxistische, konfessionelle)" (S. 121).

In der Dienstvorschrift für den HJ-Streifendienst wird darüber folgendes ausgeführt:

„In größeren Städten sind neuartige Gruppenbildungen männlicher und weiblicher Jugendlicher außerhalb der Hitler-Jugend auf staatsfeindlicher oder krimineller Grundlage festgestellt worden, die sich im Westen des Reiches u.a. 'Navajos' und 'Kittelbachpiraten', in Mitteldeutschland 'Meuten' (z.B. 'Meute Hundestart') nennen.
Diese Gruppen bilden eine erhebliche Gefahr für die Jugend und für die Erziehungsarbeit der Hitler-Jugend und sind daher in engster Zusammenarbeit mit der Polizei schärfer zu bekämpfen.
Die Cliquen versuchen die Schaffung einer die Mitglieder fest zusammenschließenden Organisation, wenn der Zusammenhalt äußerlich oft auch nur lose ist. Sie setzen sich vorwiegend zusammen aus ehemaligen bündischen oder marxistischen und auch asozialen Elementen oder aus Jugendlichen, die aus der Hitler-Jugend wegen ihrer gegnerischen Einstellung, Interesselosigkeit oder sittlichen Haltung ausgeschieden worden sind.

Ihre Merkmale sind:

1. Häufige und regelmäßige Treffs an bestimmten Orten (Parks, Straßenecken, Lokalen usw.) und zu einer bestimmten Zeit. Durchführung von Fahrten. Die Bildung der Gruppen erfolgt meist in Bezirken und Treffpunkten.
2. Betonung der Zusammengehörigkeit durch Kleidung, Abzeichen oder Gruß, oft in unauffälliger bzw. getarnter Form.
3. Ablehnung der Hitler-Jugend, zum Teil schärfste Bekämpfung (Überfälle usw.).
4. Sonstige staatsfeindliche Gesinnung und Zielsetzung. Die Gruppen sind teilweise – mit zahlreichen Abweichungen – nach dem Vorbild ehemaliger bündischer oder marxistischer Jugendgruppen ausgerichtet. Sie bilden entweder eine direkte Fortsetzung dieser Verbände oder betätigen sich in ihrem Sinne und pflegen ihre Tradition in bezug auf Liedgut, Schrifttum (Günther-Wolf-Verlag u.ä.) Kleidung, Abzeichen usw.
5. Die Gruppen betätigen sich zumeist auch auf kriminellem Gebiete: Diebstähle, liederlicher Lebenswandel, Belästigungen der Bevölkerung usw. Oft gehören Mädchen den Gruppen an, die zum Anlocken weiterer Mitglieder dienen. Das zügellose Treiben dieser Gruppen hat bereits zu zahlreichen sittlichen und kriminellen Verfehlungen geführt" (S. 121).

In dem Lagebericht gibt es aus Sicht der Reichsjugendführung auch Hinweise zu Cliquen, die mit der Formulierung „Ablehnung der Hitler-Jugend, zum Teil schärfste Bekämpfung (Überfälle)" (S. 122), charakterisiert werden.[22] Die Diskussion um abweichende (auch aggressive) Verhaltensweisen von Jugendlichen wird im NS-Staat nicht pädagogisch geführt; sie folgt weder der (domestizierend-)pädagogischen Tradition des Kaiserreiches noch der mehr (helfend-)pädagogischen Tradition in der Weimarer Republik, sondern wird einer radikalisierten Feind/Gegner-Konstellation zugeordnet. Das Leitthema „Jugend und Gewalt" verändert sich im Vergleich zu den beiden vorhergehenden Kapiteln, weil Jugendliche in Opposition zu dem gewaltförmig organisierten Staat und dem Monopolanspruch der HJ stehen. In der Logik des NS-Staates erfolgte die Auseinandersetzung nicht mit (repressiver oder verständnisvoller) Erziehung, sondern mit den staatlich angekündigten und bürokratisch durchgeführten „Instrumen-

22 Ausmaße, Formen und Motive von oppositionell-protestförmigen Verhaltensweisen von Jugendlichen gegen den gewaltförmig organisierten, totalitären Erfassungsanspruch und die Tyrannei des NS-Staates wären in einer Topographie des Widerstands, von Dissens und Verweigerung, noch genauer zu untersuchen (vgl. Benz/Pehle (Hrsg.) 1994). Erste aufschlußreiche Erkenntnisse wurden in den letzten Jahren z.B. zu den im Rheinland auftretenden „Edelweißpiraten" vorgelegt.

ten" der Verfolgung, Repression, Aussonderung und Vernichtung von definierten inneren Feinden.

Das Verhalten des NS-Staates gegenüber der Jugendopposition muß u.a. im Kontext der funktionalen Erziehungsinteressen „an Jugend" gesehen werden. Der NS-Staat hat ein soldatisches Jungen- und Männerbild; in der organisatorischen Ausrichtung und erzieherischen Praxis der HJ stehen vormilitärische Sozialisation, (wehr-)sportliche Ertüchtigung und weltanschaulich-ideologische Erziehung im Mittelpunkt. Die „innerliche Erziehung" und Einübung[23] von soldatischen Tugenden und Haltungen – die HJ begreift sich auch als dem Heer vorgeschaltete Erziehungsinstitution – wie „Mut, Ehre, Treue, Glaube, Dienst, Gehorsam, Körperstählung, Charakterbildung" sowie die Vermittlung der NS-Weltanschauung (Blut, Rasse, Volk, Reich, Staat) ist die zentrale Aufgabe der HJ im NS-Staat (Klönne 1984, Hafeneger/ Fritz 1993, Schubert-Weller 1993). Diese Erziehungsziele werden in einer Tatpädagogik u.a. durch Erlebnisformen wie Aufmärsche, Fahrten, Zeltlager, Heimabende, paramilitärische Spiele vermittelt. Der jungen Generation wird ein heroischer Mythos der „Sendung" und „Berufung" angeboten, nach dem es ihr zukomme, die „deutsche Zukunft" und „das Reich"

23 Die HJ konnte an den Ideen und der Praxis der Wehrerziehung und der vormilitärischen Jugendertüchtigung seit 1890 angeknüpfen, sie hat sie konsequent aufgegriffen und umgesetzt.

zu gestalten. Mit dem faschistischen Jugendmythos und der Beschwörung der „Einheit der Jugend" wird – bei Leugnung sozialer Gegensätze – eine völkisch begründete Geschlossenheit und Gemeinschaft angeboten, die mit permanenten Inszenierungen verbunden ist. Die deutsche Jugend wird zum Ferment des gesamten deutschen Volkes erklärt, zum Träger und Vorbild der durch die nationalsozialistische Bewegung geschaffenen „neuen Einheit der Nation" erhoben; dies wird eingebunden in die Vision „der einigen Jugend und des einigen Deutschland" (Schmitt-Sasse 1985, S. 132).

4. Drei Beispiele aus den fünfziger Jahren

Aus der Jugend- und Jugendarbeitsgeschichte der fünfziger Jahre werden im folgenden drei Gruppen von Jugendlichen in eher phänomenologischer Perspektive vorgestellt.[24] Sie gehören zu den Erscheinungsformen „dissozialer Gemeinschaftsbildungen", wie sie Schüler-Springorum/Sieverts Anfang der sechziger Jahre bilanzieren: die Banden und die Halbstarken (1963, S. 30 ff.). Die Thematisierung in den Massenmedien, in Büchern und in der politischen Diskussion betont insbesondere deren provokativ-gewaltförmige, abweichende Verhaltensweisen. Das Interesse gilt in den Jahren 1955 bis 1957 vor allem

24 Es gibt Diskussionen zu weiteren Gruppen- und Gesellungsformen; so skizziert von Kortzfleisch beispielsweise „Frühformen von jugendlichen Banden". Er sieht ein Abgleiten der 12- bis 14jährigen Jugendlichen von asozialen hin zu verbrecherischen Verhaltensweisen, die schließlich zu Außenseitern werden. Auch auf das „gefährliche und gefährdete" Milieu der Cliquen obdachloser Jugendlicher wird hingewiesen.

- den sog. „herumtreibenden, streunenden Heranwachsenden“ bzw. „gefährdeten und gestrauchelten Jugendlichen“;
- den sog. „luxusverwahrlosten Jugendlichen“;
- den sog. „Halbstarken“ bzw. der „randalierenden Jugend“.

4.1 Jugenddiskussion

In den fünfziger Jahren wird eine breite politische und pädagogische Debatte über Jugend und deren differenzierte Grundbefindlichkeit entfaltet. In dem Spektrum der Themen- und Problemmarkierungen ist z.B. die Rede von der „Not der Jugend“; von einer „prekären materiellen und psychischen Situation“; von „Nöten, Krisen und Konflikten des Jugendalters“; von „der Stellung in Beruf und Familie“, den „Unruhen in Kriegs- und Nachkriegszeit“, der „Länge des Übergangs vom Status Kind zu dem des Erwachsenen“ und der Perspektive ökonomischer Selbständigkeit; von der „Individualisierung des Großstadtlebens“ und der „Enge des städtischen Lebens“; von der „Wandlung der Wertsysteme und dem Einfluß der Vergnügungsindustrie“, den „Zivilisationsgiften wie Kino, Radio, Illustrierte, Reklame und Massensport“ (Muchow 1952, S. 44); von der „Entväterlichung“ der Erziehung bzw. dem „unsichtbaren Vater“ (Mitscherlich).

Es gibt in den fünfziger Jahren eine differenzierte, empirische soziologische (und psychologische) Forschung zur Situation der Jugend sowie breite jugendpädagogische Debatten und zahlreiche theoretische Versuche der Vergewisserung „von Jugend" (u.a. Landis 1952, Schelsky 1952, Tumlirz 1952, Bednarik 1953, Heilfurth 1953, Pipping 1954, Hörerforschung des NWDR 1955, Schelsky 1955, Blücher 1956). Im Zentrum der Untersuchungsinteressen steht die Arbeiterjugend mit ihren Einstellungen zu Ausbildung und Beruf, Familie, Staat und Gesellschaft, ihren politischen Orientierungen, Gesellungsformen und Interessen in der Freizeit. Den Strukturwandel der Nachkriegsgesellschaft mit den Auswirkungen auf die Freizeit von Jugendlichen fassen Busemann und Böttcher so zusammen: „Eine Erwachsenengesellschaft, die selbst noch nach gültigen Formen des Freizeitlebens sucht, vermag den zu Erziehenden keine Verhaltenssicherheit zu vermitteln. Daher bleibt ein großer Teil der Jugendlichen mehr oder weniger hilflos der Vielzahl der modernen Freizeitangebote ausgeliefert und muß in der Auseinandersetzung mit diesen eigene Verhaltensstile entwickeln" (1964, S. 3).

Die Gegenwartsanalysen zielen in den fünfziger Jahren auf Erkenntnisse zur Länge, zu objektiven Notlagen und Belastungen, zu Schwierigkeiten und Problemen des Übergangs vom Status des Kindes zu dem des Erwachsenen in der modernen, bürokratisierten und industriellen Gesellschaft. Die Struktur der Gesellschaft wird als moderne, industrielle, bürokratische Gesellschaft mit einer hohen vertikalen und horizontalen Mobilität verstanden. Die Grundbefindlichkeit und das Spannungsverhältnis des Individuums zur Gesellschaft wird für die (männliche) Arbeiterjugend immer wieder generalisierend diagnostiziert als: indirekter Protest gegen die überorganisierte Vater-Welt, Distanz und „kühles Verhältnis" zu Staat und Parteien, Nüchternheit und Ablehnung jeglicher Ideologien, Skepsis als Generationenmerkmal, Dominanz von privaten und materiellen Interessen (Job-Auffassung, Geldverdienen, Abseits-stehende-achtzig-Prozent), politische Zurückhaltung bzw. Indifferenz, der berufsbedingten Ablösung des Vaters von Familie und Erziehung und der damit einhergehenden Überlastung der Mutter (u.a. Darga 1955). Mit dem Begriff „skeptische Generation" charakterisiert Schelsky 1957 – als Ertrag von einem Jahrzehnt (1945 – 1955) empirisch-soziologischer Jugendforschung – die neue, verhältnismäßig einheitliche (verallgemeinerte) „Generationsgestalt" der Jugend. Zeitgeschichtlich ist dies eine Jugendgeneration, die in ihrer Kindheit eingebunden war in die NS-Erziehung, die Älteren in Kriegsdienst und Gefangenschaft und die Jüngeren in den Dienst als Flak- und Sanitätshelfer. Erfahrungen der Bombennächte, von Flucht und Vertreibung werden prägend, die Überlebensanstrengungen in der Not, mangelhafte Ernährung, Wohnungsnot, Gefährdung der Gesundheit und gestörte bzw. desolate Familienstrukturen sind die zentralen Probleme des Nachkriegsalltages der „Trümmerjugend". Die Jugend der Nachkriegszeit und Anfang der fünfziger Jahre wird auf dem Hintergrund sozialer Not (Arbeitsmangel/Arbeitslosigkeit und Wohnungsnot) und prekärer Familienverhältnisse als „Jugend ohne Geborgenheit", als „bindungslose, entwurzelte, heimatlose Jugend" charakterisiert. Mit moralisierenden Merkmalen, Typisierungen und Zuschreibungsprozessen versuchen Mitte der fünfziger Jahre erwachsene (Zivilisations-)Kritiker und Nachkriegspädagogen ein undifferenziertes Negativbild mit vorurteilsvoll haltlos überzogenen Deutungen zur Lage einer ganzen jungen Generation zu formulieren. Der Blick richtet sich auf einen „neuen Jugend-Typ", der als „skeptisch, individualistisch, materialistisch, gemeinschaftsunwillig, verunsichert und ratlos, ohne Ideale" charakterisiert wird. Die Interpretationsangebote für diese Verhaltensweisen sind heterogen. Sie sind einerseits mit Enttäuschungen, Vorwürfen und Denunziationen aus der Erwachsenengeneration verknüpft, andererseits beziehen sie sich auf durchaus verständnisvolle Einsichten in die soziale, psychologischen und pädagogische Lage der Jugend. Dazu bieten Pädagogik und Psychologie ein großes Repertoire von Begriffen an: „krisen- und konflikthafte Entwicklungs- und Reifezeit", „Turbulenzen im Adoleszenzalter", „noch ungebändigte Triebwelt"; unspezifischer, „sinn- und nutzloser" Tätigkeits-, Erlebnis- und Geltungsdrang; Entwicklungsdifferenz biologischer (sexueller) früher Reife auf der einen Seite und ungleichzeitiger kultureller Entwicklung auf der anderen Seite; Bindungslosigkeit und seelische Unordnung; „schadloses bloßes Abreagieren" der starken beruflichen Anspannung in der Freizeit; Zivilisationsphänomene z.B. im Eigenleben der „Flegeljahre" der Knaben und männlichen Jugend im Alter von 11/12 bis 15 Jahren in modernen, dynamischen Massen- bzw. Industriegesellschaften, die sich in „undifferenzierter Unzufriedenheit", „unspezifischer, zielloser Aggressivität" mit „Ventilfunktion" bzw. als „Ventilsitte" ausdrücken können.[25]

Anfang der sechziger Jahre spricht Achinger (1962) von einer „stark nachlassenden Spannung" (S. 5) im Generationenverhältnis. Dies markiert er als ein „Nebeneinander von Normen und Tabus, die aus verschiedenen Zeiten" stammen; er akzentuiert die Abdankung der patriarchalen Familie und die Ausbildung der Kleinfamilie (mit ihrem Innenraum) sowie den Autoritäts-

25 Vgl. zu dem Lausbubenalter und den Flegeljahren der 12 bis 15-jährigen Knaben/Jugendlichen vor allem H. H. Muchow (1950); zu deren Erscheinungen gehören u.a. „toben, rangeln, buffen und balgen, Streiche spielen", aber auch „Gewalttätigkeiten". Er sieht eine „seelische Versteppung" und verspätete Reifung der Nachkriegsjugend, die „sich zunächst in einer Verlängerung der Flegeljahre ausdrückt, die, ein Jahrhundert lang auf die Jahre 12 bis 15 begrenzt, heute bis zum 17. und 18. Lebensjahr zu dauern scheinen" (1952, S. 44).

verlust der Väter. Achinger bilanziert das Verhältnis der Generationen folgendermaßen:

> „Es hat wohl noch keine Zeit vor uns gegeben, in der bei soviel scheinbarer Freiheit soviel Mangel an Orientierung, an Verstandensein, an Einverständnis gegeben war. Was weiter heute problematisch ist, ist der Kontrast zwischen moralischer und technischer Erfahrung und Reife, wie er früher nicht bestand. Der heutige Zustand prämiert eine anpassungsfreudige Jugend mehr als jedes frühere Zeitalter. Aber ein sehr guter Beobachter hat von dieser Jugend gesagt, daß sie selbst dann, wenn alle Wünsche an die technischen und unterhaltsamen Geschenke dieser Wirtschaftgesellschaft erfüllt würden, nicht Mißvergnügen, Distanz und Langeweile völlig überwinden könnte, ja daß sie, die die Gesellschaft nicht mehr für problematisch hält, doch ein letztes Gefühl davon hat, daß sie selbst bei voll gelungener Anpassung das erhoffte Glück nicht finden würde. Durch die halboffene Tür der Erfüllung ströme ihr bereits der Vorgeschmack der Enttäuschung zu an einer einfallsreichen und doch sehr verarmten Welt“ (1962, S. 12).

Die hier skizzierten drei Jugendszenen und kulturellen Typisierungen können jugendgeschichtlich auch für die spätere Bundesrepublik erweitert werden; dazu gehören insb. die sog. „Rocker“, „Rowdies“, „jugendliche Komplizenschaft“, „kriminellen Jugendbanden“ sowie die „street-gang-, Jugendbanden- und Jugendpolizeidiskussion“ in der zweiten Hälfte der siebziger und zu Beginn der achtziger Jahre.[26] Auch in den angelsächsischen Ländern gibt es ab Ende der fünfziger und Anfang der sechziger Jahre jugendpädagogische Diskussionen über das Phänomen von Banden und Gangs, über Fragen von Prozessen, Strukturen und Regeln in den subkulturellen Gesellungsformen. Albert Cohen entwickelt – auf dem Hintergrund seiner Arbeiten zur Dissozialität und Jugendkriminalität – für das „Banden- und Gangwesen" in nordamerikanischen Großstädten eine „Theorie der Subkultur". Er verweist dabei auf einige typische nordamerikanische Bedingungen und Tatbestände: die schon am jeweiligen Wohnviertel ablesbare, zum Teil rassisch bedingte Aufteilung in soziale Klassen; das besondere Männlichkeitsideal amerikanischer Erziehung; die gerade bei den Jugendlichen weit verbreitete Arbeitslosigkeit usw.[27] Die jugendpädagogische Diskussion ist in der Geschichte der Bundesrepublik – unterschied-

26 Vgl. die Hinweise bei Ohder (1992); im Rahmen einer empirischen Untersuchung am Beispiel von Berlin gibt er auch Hinweise zur Geschichte der „Jugendgewalt". Den inflationären Gebrauch des Begriffs „Halbstarke" zeigt die Veröffentlichung von Bals (1962), die ihn zusammen mit Begriffen Banden, Gangs, Jugenddelinquenz, Gruppenbildungen in einer Untersuchung über ein Heim der Offenen Tür (einer westdeutschen Großstadt) aus dem Jahr 1959 verwendet.

27 Zur Kultur von jugendlichen (kriminellen) Banden und des Bandenwesens in den USA vgl. insb. die Studie von Cohen (1961) sowie Cohen 1974.

lich akzentuiert und gewichtet – den jeweiligen zeittypischen, gesellschaftlichen Zuschreibungsprozessen und Diagnoseversuchen von „Abweichung, Dissozialität, Gefährdung, Gewalt, Verwahrlosung" verhaftet. Bei den (sozial-, kultur- und gruppen-)pädagogischen, erzieherisch-sozialen und auch kriminalpolitischen Hilfeangeboten sind zwei Strategien unterscheidbar: Hilfe, Erziehung, Integration und Kontrolle/Repression. Das Erkenntnisinteresse in Politik, Öffentlichkeit, Pädagogik und Jugendpflege/-arbeit konzentriert sich in den fünfziger Jahren vor allem auf Gruppenstrukturen und -prozesse (small group research), auf die Jugendlichen mit ihrem spezifischen Verhalten (Action, Power, Inszenierung usw.) und weniger auf die jeweiligen Lebensverhältnisse, Erfahrungen und Anforderungen oder auch auf die subjektive Bedeutung mit Blick auf die Erlebnisqualitäten, Aneignungsweisen, Rituale und Territorialregeln der Jugendlichen selbst.[28] Thema werden vor allem die „bedenklichen, auffälligen" Verhaltensweisen von (männlichen) Jugendlichen gegen die „zivilisierten Normen", die spezifische Art ihrer Bewe-

---

28 Die (Klein-)Gruppenforschung wird in den fünfziger Jahren vor allem von der anglo-amerikanischen Sozialpsychologie inspiriert, Stichworte in der Forschung und praxisbezogenen Diskussion sind: Feldtheorie, peer-groups, Primär-Gruppen und face-to-face-group, Gruppendynamik, Interaktionen und Interdependenzen, Führungsstile, Stereotype und Vorurteile, soziometrische Methode.

gungssouveränität (Raumaneignung) und das Verhältnis zur staatlichen Ordnung. Dies wird in der medialen Berichterstattung und Kommentierung beschrieben als: „Zusammenrottungen" auf öffentlichen Straßen und Plätzen, vor Kneipen und Kinos; Belästigungen, Wortwechsel mit Erwachsenen; Auflehnung gegen Autoritäten, insb. Polizei; Bedrohung der öffentlichen Ordnung; Hang zur Unruhestiftung und Verkehrsbelästigung; Scherze, Flegeleien bis hin zu kriminellen Handlungen, spezifischen Delikten; Komplizenschaft mit einer spezifischen Gruppendynamik und Gesetzmäßigkeit (genannt werden u.a. Bestätigung, Selbstwert, „Imponiergehabe", Mut).[29]

Die öffentliche, vor allem in den Medien und der nichtwissenschaftlichen Publizistik geführte Diskussion konzentriert sich auf „den Umgang" mit die jeweils typisierten und stigmatisierten aufsässigen Jugendlichen, die mit ihren provokativen Handlungs- und Bewegungsweisen aus dem „Rahmen und den Regeln fallen". Die Reflexion gesellschaftlicher und politischer Strukturen und die sozialen Alltagserfahrungen, die die jugendkulturellen Ausdrucks- und Bewußtseinsformen prägen und aggressive, gewaltförmige Verhaltensweisen begründen, bleiben ausgeblendet.

---

29 Die ordnungspolitische Auseinandersetzung erfolgt unter der Perspektive der „inneren Gefahr".

4.2 Pädagogische Interessen

Die drei Beispiele von Jugend-Gewalt verweisen in die Nachkriegszeit mit „Jugend- und Berufsnot" (Kriegsfolgen) sowie in eine Zeit, in der die Massenarbeitslosigkeit und „soziale Not" unter Jugendlichen ab Mitte der 50er Jahre zurückgehen, sie an „Wirtschaftswunder" und Vollbeschäftigung teilhaben und sich die politischen, parlamentarisch-demokratischen und wirtschaftlichen (und auch kulturellen) Strukturen und Verhältnisse konsolidiert haben. Das „Biedermeier" der fünfziger Jahre ist geprägt von einem politisch-kulturellen Klima der Selbstzufriedenheit in der sich entwickelten Wohlstandsgesellschaft (Durchsetzung und Entfaltung des keynesianischen Regulierungsmodells); von der Verdrängung bzw. Nichtverarbeitung der NS-Zeit und einem antikommunistischen Konsens in der Gesellschaft (Kalter Krieg, „keine Experimente", Restauration); von privatistischem Rückzug, der Konzentration auf materielle Sicherheiten und Schaffung von materiellem Wohlstand; von der Betonung kleinbürgerlicher Konventionen und traditioneller Tugend-, Ordnungs- und Moralvorstellungen. Der Diskurs in Pädagogik und Jugendarbeit ist zunächst – anknüpfend an die Paradigmen, Erkenntnisse und Perspektiven in der Weimarer Republik – bestimmt von traditionellen Leitideen im Rahmen individueller Hilfen, von professionellen Helfer-Konzepten und einer idealistischen Berufsauffassung („innere Berufung").

Das Jugendbild und die Jugenddiskussion sind jedoch nicht einheitlich; es gibt neben der Dominanz von Skepsis und verständnisvollen Problemsichten gleichzeitig ein projektives Jugend(wunsch)bild der Erwachsenen.[30] Die junge Generation wird in den Erwartungen von Politik, Erziehung und Jugendpflege auch zum Medium, zu einer demokratischen „gesellschaftlichen Kraft" und zum Hoffnungsträger stilisiert, von der eine geistige, kulturelle und soziale Erneuerung erwartet wird. Die sich entwickelnde politische Erziehung und Bildung akzentuiert insbesondere die „Tiefendimension der politischen Ethik", eine Erziehung und Bildung, die auf „sittliche Orientierungspunkte" in der Entwicklung von Jugendlichen und für politisches Handeln setzt (vgl. Darga 1955, Roessler 1957, Hilligen 1958). Für Hilligen (1958) ist das Ausbleiben und die Verweigerung von Orientierungsangeboten durch Erwachsene (Eltern, Lehrer, Öffentlichkeit) – verstanden als Summe aller Äußerungen, aus denen Jugendliche entnehmen, wie die Erwachsenen über wichtige Lebensfragen denken – eine

30 Albertin (1992) gibt Hinweise zu den kontrastreichen Jugendbildern und dem Erwartungsdruck auf die junge Generation, zu ihrer Aufwertung hin zur Trägerin und Garantin einer besseren Zukunft.

der zentralen Schwächen im Er- und Beziehungsverhältnis der Generationen.[31]

Die Kritikperspektive an jugendlichen Verhaltensweisen ist im Kern an traditionelle Ordnungs- und Moralvorstellungen (Arbeit, Fleiß, Ordnung, Gehorsam, Disziplin, sexuelle Enthaltsamkeit) gebunden. Daher will die Erwachsenengesellschaft ein Generationenverhältnis erhalten, durchsetzen bzw. wiederherstellen, das von Macht, Hierarchie und Anpassungsstrukturen geprägt ist. Das klassische Konzept der „Statuspassage Jugend" wurde – so das zeittypische Paradigma – als geregelte Aneignung einer klar umrissenen Erwachsenenrolle (gesellschaftlich integrierter Normallebenslauf) definiert (Schelsky 1957). Dabei richtet sich der „jugendschützerische" Blick weniger auf die jugendliche Realität in Schule, Familie, Wohnung, Ausbildung und Arbeit sondern auf die „Kontrollücke Freizeit" und hier auf die beobachtbaren, von der Normalität abweichenden Verhaltens- und Bewegungsweisen, womit vor allem „Verwahrlosungs-", „Kriminalitäts"- und „Gewalt"-Phänomene gemeint sind.

---

31 Hilligen versteht Orientierungen – u.a. mit den Faktoren „Einstellung und Stellungnahme", „Klärung und Deutung" verbunden – nicht als „Lehre" oder „Belehrung", die letztlich wenig Einfluß auf Verhalten haben. Er unterstellt den Jugendlichen „seiner Zeit" ein „Verlangen nach Orientierung".

Ziel von Pädagogik und Jugendarbeit wird die Korrektur „auffälliger, abweichender Verhaltensweisen", die erzieherische Beeinflussung „des Seelenlebens". Die normative und kulturelle Anpassung und die Integration der „Problem-Jugendlichen" bzw. Jugendkulturen in das zeitgenössische gesellschaftliche Normalitätskonzept soll durch die Tugenderziehung zu „Zucht, Ordnung, Autorität, Disziplin, Arbeit" vermittelt werden. Gleichzeitig wird in der pädagogischen Literatur durchaus selbstkritisch auf den begrenzten Erkenntnisstand und die fehlende „intensive Erforschung des jugendlichen Seelenlebens und der Lebenswelt der werktätigen Jugend" verwiesen (vgl. Hetzer 1956).

4.3 „Herumtreibende Heranwachsende"

Bis Ende der fünfziger Jahre werden vor allem Teile der männlichen Jugend – auf dem Hintergrund der Kriegserfahrungen und -folgen, ihren Überlebens- und Bewältigungsstrategien in der Nachkriegszeit mit Schwarzhandel, Hamsterfahrten, Mundraub u.a. – als „kriminell gefährdet, gestrauchelt, verwahrlost" und „herumtreibend, streunend" eingeschätzt (Pelle 1957, Müller 1959). Die zugeschriebene sozialpädagogische Typisierung für die soziale und psychische Lage großer Teile der Nachkriegsjugend wird als Zusammenhang von „Bindungslosigkeit und Gefährdung" dargestellt.

Beschrieben und angeprangert wird die „Ent-Bindung" von Jugendlichen und das Nachlassen der „familialen Erziehungskraft" (Bondy/Eyferth 1952). Ohne „Führung und Geleit" seien die Jugendlichen („Streuner, Vagabunden ohne Obdach, Wanderer ohne Ziel") „den abertausenden Lockungen, die auf allen Straßen und Gassen an ihre Unerfahrenheit verführerisch herandrängen", preisgegeben; sie seien zum „Streunen, Betteln und Stehlen" gezwungen. Jugendkriminalität und Jugendsexualität werden – mit „alarmierenden" Zahlen untermauert – als das „Problem Nummer eins" (Reimann 1955) des „neuen Jugend-Typus" gesehen. Dieser Einschätzung werden vor allem Kriegsfolgen, Aufwachsen ohne Eltern/Elternteile, Wohnungs-, Arbeits- und Berufsnot, Heimatlosigkeit und normative Verunsicherungen zugrunde gelegt. Mitscherlich sieht als entscheidendes Kriterium der vagabundierenden Jugend, daß außer den äußerlichen Merkmalen „das unsichere, ruhelose Leben sie auch innerlich nomadisiert hat" (1947/48, S. 103). Neben den Erfahrungen von „Verrohung und Demoralisierung durch Krieg und Schwarzmarkt" werden weitere Motive für die „Verrohung" der Jugend diskutiert: „Nicht mehr Abenteuerlust treibt die Jugendlichen zur Straftat, sondern in sehr vielen Fällen schon der Besitztrieb des echten Verbrechers" (Reimann 1955, S. 10). Tumlirz (1952) untersucht Akten und Gutachten über Fürsorgezöglinge, die zwischen 1945 und 1950 in einem Erziehungsheim waren. Zu den Erscheinungsformen der Verwahrlosung zählt er: Eigentumsvergehen und Arbeitsscheu bei beiden Geschlechtern, sexuelle Ausschweifung bei Mädchen, nichtstuerisches Herumstrolchen und Wandern, Gewalttätigkeit, Roheit als asoziale Verhaltensweisen bei Knaben. Er legt ein biologistisch-trieborientiertes und an Charaktereigenschaften gebundenes „Wesenskonzept" von Verwahrlosung mit Merkmalen wie Hemmungslosigkeit des Trieblebens, Geschlechtstrieb, -gier, Besitztrieb und Vergnügungssucht zugrunde, die schließlich zu gemeinschaftswidrigen Verhaltensweisen führen würden. Tumlirz unterscheidet geschlechtsspezifische Verwahrlosungsformen und kommt u.a. zu dem Ergebnis:

> „Nur bezüglich des arbeitsscheuen Herumstrolchens ... übertreffen die Knaben weitaus die Mädchen. Auch Mädchen strolchen arbeitsscheu herum und in unserem Material gibt es eine größere Zahl von Mädchen, die wegen Landstreicherei abgestraft worden sind. Aber dieses Herumstrolchen verbindet sich regelmäßig mit sexuellem Tun, weshalb vagabundierende Mädchen nicht allein wegen Landstreicherei, sondern auch wegen des Verdachtes der geheimen Prostitution aufgegriffen und eingesperrt werden. Was schließlich das asoziale Verhalten der Knaben betrifft, so sind eigentlich nur die Rohheitsakte und Gewalttätigkeiten eindeutig beschrieben. Unter asozialem Verhalten werden neben den Rohheiten, Frechheiten, Nichteinfügen in eine Gemeinschaft, Auflehnung gegen die Erwachsenen, Eltern, Lehrer, Dienstgeber, usw. verstanden" (1952, S. 45).

In der pädagogischen Diskussion über Gruppenzusammenhänge (Komplizengemeinschaft) und gruppendynamische Prozesse, aus denen eruptionsartige Aggressionen gegen die Umwelt auftreten können, wird vor allem auf drei verstärkende Faktoren verwiesen: die Enge des Lebensraumes, den Grad von Freiwilligkeit der Gemeinschaft, den Grad von Spannung zur Gruppenumwelt (Wilfert 1958). Aus der jugendlichen Komplizengemeinschaft kann – so die Annahme – in der Auseinandersetzung mit der Umwelt eine spannungsgeladene Dynamik entstehen, die sie zu einer „Schicksals- und Kampfgemeinschaft" werden läßt; sie gerät in einen sich möglicherweise verstetigenden Prozeß, in dem subkulturelle Ideologien (Rechtfertigungen) produziert und verfestigt sowie Affekte gegen die „feindliche Umwelt" gebunden werden.

Noch Ende der fünfziger Jahre wird berichtet, daß die Jugend durch „Schmutz und Schund" (in Groschenheften, Romanen, Illustrierten, Filmen), durch Alkohol und Nikotin kulturell gefährdet würde; daß an Orten wie „Bahnhofswartesälen, Fernfahrerheimen, Vergnügungsvierteln" sittliche Verwahrlosungen drohen und von der Polizei wiederholt Heranwachsende aufgegriffen würden, die weder familiäre oder örtliche Bindungen haben, noch in einem festen Arbeitsverhältnis stehen. „Streunen, Betteln und Stehlen" werden als typische Verhaltensweisen einer „vagabundierenden Jugend" beschrieben, deren Ausmaß in Nordrhein-Westfalen (im

Erhebungszeitraum 1.10.1955 bis 31.3.1956) mit „mindestens 54.000“ und in Niedersachsen mit „über 10.000“ Jugendlichen bis 25 Jahre angegeben werden; Reimann spricht 1955 von ca. 88.000 „herumstreunenden Jugendlichen“.[32] Es werden Entwicklungsgefahren beschworen, die vom „Herumstreunen“ über den „Mundraub“ bis hin zum Einbruchsdiebstahl und zum „Abgleiten in das Verbrechertum“ reichen. Das diagnostizierte Ursachenbündel bewegt sich im Spektrum von Zivilisations-, Werte- und Familienkritik; dazu gehören insb.: unvollständige Familien, mangelhafte Erziehung, Überforderung in der Schule und am Arbeitsplatz, Labilität in der Anlage, Berufstätigkeit beider Eltern (Schlüsselkinder), Schulschwänzen, Kino- und Alkoholkonsum, „Sexualitätsrummel“ und nachlassende Sittlichkeit. Die Rettung und „Seßhaftmachung“ der Jugendlichen „am Abgrund“ wird zum pädagogischen Auftrag, die Bewahrung vor Lebensuntüchtigkeit und dem „endgültigen Abgleiten“ sollen vor allem über eine „gründliche Be-

---

32 Die Schätzungen über den Umfang der „heimatlosen, vagabundierenden“ Jugendlichen gehen weit auseinander, eine statistische Erhebung war schwierig. Bundesvertriebenenminister Lukaschek gab deren Zahl mit etwa einer halben Million an, Hermine Albers nennt für die Jahre 1945/46 etwa 20.000, andere Autoren sprechen von 40.000 Jugendlichen. Erhebungen zu nichtseßhaften Jugendlichen kommen zu dem Ergebnis, daß fast ein Drittel aller Nichtseßhaften unter 25 Jahre alt sind; das sind in NRW im Jahre 1955 etwa 54.000 Jugendliche.

rufsausbildung" und familienähnliche „Heimstätten" (Jugenddörfer, Heime u.a.) erreicht werden.

Die jugendkriminologische Diskussion unterscheidet zwei – medizinischen und charakterologischen Paradigmen verbundene – Typen von „Verwahrlosten und Kriminellen": die labilen Willensschwachen und die Gefühlsarmen. In der gesellschaftlich-pädagogischen Regulierungsdiskussion werden für die „herumtreibenden, kriminell gefährdeten Heranwachsenden" neben polizeilichen Jugendkontrollen und polizeilichem Vorgehen bei gewaltsamen Störungen durch Rowdies vor allem Jugendschutz bzw. Jugendrecht, die zeitlich befristete Heimeinweisung und eine Arbeitspflicht angeboten. Aus der Arbeit eines großstädtischen Aufnahmeheimes für „minderjährige männliche Jugendliche" (im Alter von 14 – 21 Jahren) fordert Pelle (1955) für die alleinstehenden, obdachlos gewordenen, umherstreunenden, durchwandernden Jugendlichen („jungen Landstreicher") von der Politik:

„1. zentrale Erfassung der ganzen Wanderbewegung durch Meldepflicht der einzelnen Heime, Obdachlosenasyle, Jugendämter und Sozialämter zu einer Zentralstelle,
2. Anerkennung der Verpflichtung aller Jugendämter, sich für ihre Jugendlichen verantwortlich zu fühlen, auch dann, wenn sie ihre Heimatstadt »auf Wanderschaft« verlassen oder sich vielleicht schon eingeleiteten Erziehungsmaßnahmen durch Ortswechsel entzogen haben,
3. Sondererfassung aller SBZ-Jugendlichen und jugendlichen Vertriebenen, die ihren Betreuern entlaufen oder überhaupt

niemals in einem Lager oder einer Betreuungsstelle registriert worden sind,

4. energische und schnelle Maßnahmen für Verwahrloste und Gefährdete, großzügige Kostenregelung auf Landesebene (das RJWG und das JGG bieten an sich schon Möglichkeiten genug),
5. Unterbindung des gesamten Anhalterunwesens und
6. organische Arbeitsfürsorge und Berufsberatung auch für die ungelernten Jugendlichen." (Pelle 1955, S. 64).

Die pädagogische Diskussion ist im Spektrum von Sühne der Straftaten, Bewahrung, Erziehung und Hilfe angesiedelt. Zum erzieherischen Auftrag wird, sich gegen das „moralische Elend", den projektiv beschworenen Verfall von traditioneller Arbeits- und Sexualmoral zu wenden. Angebote und Maßnahmen werden mit der „ethischen Schärfung des Gewissens" begründet; den Jugendlichen sollen in einer straffreien Erziehung „Hemmungen bzw. Impulse" beigebracht werden, mit denen die „Triebhaftigkeit überwunden" werden kann. Um der Entwicklung von Jugendbanden „als besondere Erscheinung in unserem industriellen Zeitalter" (Glogauer 1956, S. 610) und als einem „Herd" von Verwahrlosung und Kriminalität vorzubeugen, wird als pädagogische Strategie empfohlen, das Wirkungsfeld der „Gangs" kennenzulernen, versuchen, Kontakte anzubahnen, Vertrauen der Jugendlichen, insbesondere der „Chefs" zu gewinnen. Daneben werden pädagogisch organisierte

Angebote, eine vielseitige Gruppenarbeit, Veranstaltungen und sinnvolle Tätigkeiten in deren Freizeit angeregt.

4.4 „Die Halbstarken"

> „Es fing im Frühjahr 1955 in Berlin-Lichterfelde an. Eine Gruppe von etwa 20 Söhnen angesehener Eltern, 17 bis 22 Jahre alt, traf sich jeden Freitag in einer bestimmten Gaststätte. Von dort fuhren sie dann auf schweren Motorrädern über die Havelallee, oft bis zu einer Bucht an der Havel, die 'Großes Fenster' heißt und in der eine schwimmende Gaststätte liegt.
> In dieser Gegend haben die Burschen dann im Juni 1955, anscheinend eng nach dem Vorbild einer Bande mit schweren Motorrädern in dem Film 'Der Wilde', unter dem Namen 'Die Wilden vom Großen Fenster' aus Übermut allerlei groben Unfug getrieben. Dieses Verhalten der 'Wilden vom Großen Fenster' bildete in den folgenden Monaten für andere Banden, Gruppen oder Massen von Jugendlichen in West-Berlin und Städten der Bundesrepublik den Anfang für eine Reihe von grundsätzlich ähnlichen Vorkommnissen ..." (Bondy u.a. 1957, S. 9).

In den Jahren 1955 bis 1957 ist die Gesellschaft, sind Politik und Öffentlichkeit von „dem Verhalten" der sog. „Halbstarken"[33] (auch „randalierende Jugend" ge-

33 Auf die historischen, jugendkulturellen Vorläufer der Halbstarken – wie die „Münchener Blasen", „Wiener Schlurfe",

nannt) beunruhigt. Vor allem die Tagespresse berichtet über „Krawalle", und in einer Vielzahl von Veröffentlichungen beginnen Pädagogen, Psychologen und Soziologen, sich mit den „Halbstarken" zu befassen (u.a. Fröhner 1956, Kluth 1956, Bayerisches Staatsministerium 1956, Bondy u.a. 1957, Gerson 1957, Zulliger 1958, Kaiser 1958, Kaiser 1959).[34]

Die „halbwüchsigen Rowdies" („Rüpel", „Krawallmacher" – so weitere Zuschreibungen) sind in offenen, anarchischen „Cliquen", in hierarchielosen und oftmals kurzlebigen Gruppen- und Gesellungsformen vor allem in vielen Großstädten der Bundesrepublik, aber auch

---

„Leipziger Meuten" – verweist Krüger (1986); er verweist ferner auf oppositionelles Verhalten von Cliquen der Arbeiterjugend gegenüber dem NS-Regime. Krüger reflektiert die Halbstarken der fünfziger Jahre vor allem unter der Perspektive von altersspezifischen „Restelementen einer alltäglichen Arbeiterkultur". Zu Herkunft, Bedeutungswandel und Bild des Begriffs „halbstark" vgl. auch Bondy u.a. (1957) sowie Kaiser (1959). Neben der Veröffentlichung von Schultz (1912) verwendet bereits Hermann Popert in seinem Roman „Helmuth Harringa" (1905) den Ausdruck „Halbstarke" für junge Männer mit „schmierigen Mützen" in „lichtlosen Gängen" und „giftschwangeren Hinterhäusern". In der neueren Literatur ordnet Welter (1961) in einer Auflistung der Sprache von Teenagern und Twens den Begriff halbstark den zeitbezogenen Modewörtern zu, es ist für ihn ein Symptom der Mentalität einer Zeit.

34 Auch der Deutsche Bundestag setzte 1956 eine Diskussion über die randalierende Jugend auf die Tagesordnung.

in der DDR und in vielen anderen westlichen und osteuropäischen Ländern locker organisiert; zu ihnen zählen jeweils zwischen 10 und 20 (männliche) Jugendliche. Das Alter liegt zwischen 14 und 20 Jahren. Beteiligt sind nach der Untersuchung von Kaiser (1959) insg. etwa 5 – 10 Prozent aller Jugendlichen; Mädchen machen zwischen 1 und 2% der Gesamtgeneration aus. Neben der Typisierung von männlichen Jugendlichen als Halbstarke werden „Knaben in der Pubertät" mit auffälligen Verhaltensweisen als „Viertelstarke" bezeichnet.[35] An den provozierenden, lautstarken, mit Gröhlen, Pfeifen, Johlen verbundenen Aktionen und Inszenierungen nimmt eine Minderheit der (männlichen) Jugendlichen teil; sie werden aber gleichsam zum Mythos einer ganzen ordnungsfeindlichen Generation stilisiert. Die Gruppen geben sich Namen wie „Die Wilden", „Totenkopfclique", „Eidechsen", „Rote Teufel" oder einfach „Club der Halbstarken"; viele nennen sich nach der Straße oder dem Quartier, in dem sie wohnen. Der öffentliche Straßenraum, Trümmergrundstücke, Parks und öffentliche Plätze, oft die Zentren der Städte sind die (angeeigneten) Territorien, die sozialen Räume, in denen sie ihr jugendkulturelles Repertoire und provozierendes Freizeit-

35 Vgl. u.a. die durchaus verständnisvollen Ausführungen von Hans Zulliger (1969).

verhalten gegen die Erwachsenen(welt) und deren Autoritätsansprüche ausleben und mitteilen. Vor allem ihre normwidrigen, „übermütigen, respektlosen, herausfordernden, frechen und aggressiven" Verhaltensweisen, ihr „fehlendes Unrechtsbewußtsein", ihre Aufsässigkeit und Anstößigkeit, ihre rebellischen und situationsbezogenen Aktionen und ihr Unfug – wie lärmen, toben, anpöbeln, provozieren, prügeln, randalieren, motorisiert, quer durch sie Stadt fahren, Blockieren von Straßen, nackt baden – stören die angepaßte Wohlanständigkeit, die Sitten und Ordnungsvorstellungen der kleinbürgerlichen Gesellschaft; und sie provozieren das Gewaltmonopol der staatlichen Behörden.[36]

4.5 Berichterstattung

In der Berichterstattung der Medien (insb. Presse) über den „Schrecken für den ordnungsliebenden Bürger" gibt es Hinweise wie:

36 In der kriminalpolitischen Diskussion zu den „Halbstarken-Delikten" ist von „reinen Angriffsstraftaten" die Rede, zu ihnen gehören u.a.: grober Unfug und ruhestörender Lärm, Sachbeschädigung, Körperverletzung, Widerstand gegen die Staatsgewalt, Verkehrsgefährdung, Beleidigung, Nötigung und Bedrohung, Hausfriedensbruch, Aufruhr, Landfriedensbruch, Aufforderung zu strafbaren Handlungen, Tierquälerei, Verweigerung der Personalienangabe (vgl. Kaiser 1958).

„Einige Dutzend Jugendliche machten an einem schönen Sommertag das Ostseebad Timmendorf unsicher. Sie warfen die Strandkörbe um, legten sich mit der Polizei an, behelligten Frauen und Mädchen und verschwanden nach ein paar Stunden wieder.

In der afrikanischen Straße im Berliner Wedding haben sie ein eigenes Lokal und treffen sich dort jede Woche, um ihre Streifzüge zu planen" (in: Die Neue Gesellschaft 1956, S. 389 f.).

Berichtet wird vor allem über Veranstaltungskrawalle (Vandalismus) nach Rock'n'Roll- und Jazz-Konzerten, von Schlägereien, Zerstörungen nach Konzerten und Filmen wie „Rock around the clock" – „Außer Rand und Band", dem Marlon-Brando-Film „Der Wilde", den James-Dean-Filmen, aber auch im Zusammenhang von Sportveranstaltungen, Jahrmärkten, Schützenfesten u.a.[37] In der Groschenpresse und in vielen Illustrierten gibt es eine geradezu martialische Berichterstattung über die „Diktatur" und „Regimenter" von Halbstarken, die

37 Der „Rock'n'Roll-Rummel" wird mit „seiner Musik, Tanzwut, den Zusammenrottungen und Zerstörungen" als jugendliche Weltanschauung „gegen die Erwachsenen" interpretiert.
Fröhner, Leiter des Emnid-Institutes für Meinungsforschung in Bielefeld, kommt 1956 in einer repräsentativen „Untersuchung zur Situation der deutschen Jugend im Bundesgebiet" zu dem Ergebnis, daß die „drohende und bedrohte Jugend" einen sehr kleinen Teil der deutschen Jugend zwischen 15 und 24 Jahren ausmacht.

sich in „Stadt und Land formieren", über die „hemmungslosen, antisozialen Halbwüchsigen", „Rebellen ohne Grund", „die böse Macht der Halbstarken". Forderungen wie „Schluß mit jungen Rowdies" und Fragen wie „Was ist nur mit der Jugend los?" prägen die Schlagzeilen. Die Berichterstattung in der Tagespresse ist sensationsorientiert, es ist vom Terror, gar von einer „Diktatur und Seuche der Halbstarken" die Rede.[38] Wegen zerstörter Fensterscheiben, Mülltonnen, Reklameschilder und Weihnachtsgirlanden, wegen Schlägereien und ordnungswidrigem Verhalten geraten die Jugendlichen oft in Konflikt mit der Polizei.[39] Das Verhalten der männlichen Jugendlichen zwischen 15 und 20 Jahren wird mit seinen auffällig-provozierenden For-

38 Hilligen kommentiert im Jahre 1957 die Berichterstattung: „Es gibt keine Halbstarken mehr (und vielleicht hat es nie welche gegeben ...) – so könnte man meinen. Berichte und Aufsätze über Zusammenrottungen jugendlicher Ruhestörer, wie sie im September/Oktober 1956 zu einer Hochflut anschwollen, finden sich heute nur noch selten. Das ist zu begrüßen; denn es ließ sich nachweisen, daß häufig Presseberichte über solche Vorkommnisse der Anlaß zu neuen Krawallen gewesen sind." (S. 20).

39 Im Rahmen von Großkrawallen werden als „reine Angriffsdelikte" in der strafrechtlichen Diskussion aufgelistet: Nötigung, Beleidigung, Körperverletzung, Sachbeschädigung, Widerstand gegen die Staatsgewalt, Auflauf und Aufruhr, Gefangenenbefreiung (Kaiser 1958).

men, verbunden mit „fehlendem Unrechtsbewußtsein", u.a. folgendermaßen beschrieben:

„Mit unnachahmlicher Haltung lehnt an irgendeiner Ecke – meistens vor Kinos – eine Horde junge Leute, eine Zigarette nach der anderen zwischen den Zähnen zermalmend; sie unterhält sich betont laut, ab und zu steigert sich die Lautstärke zu einem wiehernden Johlen, das wohl ein Lachen sein soll. Alte Leute werden in ihrer Hilflosigkeit bespöttelt und nachgeäfft, Erwachsene werden herausfordernd angerempelt, und ein weibliches Wesen kommt nicht vorbei, ohne lauthals angepöbelt zu werden.
Vornehmlich finden die 'Halbstarken' Gefallen daran, Fußgänger zu belästigen. Sie rempeln diese an, 'um sich Respekt' zu verschaffen, stoßen sie vom Gehweg, gegen Häusermauern oder gegen andere Halbwüchsige und zwingen sie, vom Bürgersteig auf die Fahrbahn zu gehen. Grölend, pfeifend und zum Teil mit Lattenstücken bewaffnet ziehen sie durch die Straßen oder stehen an den Ecken und behindern den Fußgängerverkehr. Sie überschreiten im Gänsemarsch bei großer Zahl die Fahrbahn und blockieren so zeitweilig den Fahrzeugverkehr. Besonders gern versperren sie verkehrsreiche Kreuzungen. Sie empfangen die Omnibusse mit Geheul, stürzen Verkehrschilder, werfen Mülltonnen um und an Baustellen lagernde Ziegelsteine auf die Straße. Bei alledem schießen sie mit Schreckschußpistolen und lieben es, Knallkörper abzubrennen oder Stinkbomben zu schmeißen. Sie bespritzen Vorübergehende mit wassergefüllten Fahrradpumpen, schlagen ihnen das Speiseeis aus der Hand, versuchen, sie in eine Prügelei zu verwickeln, verdrängen Rentner durch Pöbeleien und Drohungen vom Ruheplatz und fordern sie schließlich zum 'Verschwinden' auf. Auf den Rummelplätzen und Straßen pöbeln sie gern Mädchen, aber auch Ehepaare

an. In dicht geschlossener Kolonne und laut knatternd fahren sie mit ihren Mopeds oder Motorrädern durch die Hauptstraßen. Auch in Gaststätten benehmen sie sich auffällig, sie verlangen lärmend nach Bier, prosten sich laut zu, werfen Stühle um, reißen die Blüten der Blumentopfstauden ab oder zerschlagen gar die Einrichtungsgegenstände" (Kaiser 1959, S. 89).

Tenor der anklagenden und schuldzuweisenden Berichterstattung über die „Halbstarken-Exzesse" ist: fehlende Unterordnung, keine Achtung von Autorität (Staat, Erwachsenen); fehlende Leitbilder und Ideale; fehlendes Unrechtsbewußtsein; ziellose Befriedigung von Machtwillen, von Tätigkeits-, Erlebnis- und Geltungsdrang; Augenblicksgebundenheit, Kontaktarmut und Gefühlsschwäche sowie Zügellosigkeit.[40]

In Frankfurt/M. z.B. gibt es 1956 zwei sog. „Großkrawalle". Krawalle werden in der Literatur differenziert nach „reinen Krawallen, Veranstaltungs- und Folgekrawallen" (Bondy u.a. 1957).[41] An Großkrawallen sind

40 Muchow (1956) versucht eine – von Bondy u.a. (1957) kritisierte – Typenbildung der Halbstarken; er unterscheidet: die „Schicht der Primitiven", die „erziehungsmäßig Frustrierten", die „nihilistischen Jugendlichen".

41 Mit der Unterscheidung der drei Krawall-Typen ist gemeint: Der „reine Krawall" entwickelt sich ohne eine große öffentliche Veranstaltung und ohne an einen am gleichen Ort vorangegangenen Krawall; der „Veranstaltungskrawall" entwickelt sich vor, während oder nach einer Veranstaltung; der „Fol-

mindestens 50 Teilnehmer (ohne Schaulustige) beteiligt. Am 1. 9. 1956 nahmen in Frankfurt-Höchst ca. 60 Teilnehmer und am 5. 3. desselben Jahres in der Innenstadt ca. 500 Teilnehmer an Großkrawallen teil. Aus Frankfurt wird auch über Vorbereitungen zu einem – durch vorbeugende Verhaftungen nicht stattgefundenen – Krawallversuch u.a. berichtet:

> „Eine Gruppe von 14 Halbwüchsigen traf sich im Sommer 1956 oft an den Abenden auf den Straßen oder in den Anlagen des Frankfurter Stadtteils Griesheim. Manchmal besuchten sie auch Lokale. Am Abend des 2. September 1956 begaben sich 13 von ihnen in die Anlagen, wo einer über die 'Halbstarken'-Ausschreitungen vom Vortage in Frankfurt-Höchst berichtete. Die Gruppe beschloß daraufhin, in Frankfurt-Griesheim etwas ähnliches zu veranstalten und zwar sollte am 8. September 1956 im Anschluß an ein 'Treffen der Halbstarken' das 16. Polizeirevier gestürmt, Lokale in Griesheim 'ausgeräumt', Gäste, die sich widersetzten, zusammengeschlagen, Kraftfahrzeuge umgeworfen und der Verkehr gestört werden" (Kaiser 1959, S. 28).

---

ge-Krawall" entwickelt sich nach dem Bekanntwerden eines vorhergegangenen Krawalls. Insgesamt gab es von 1956 bis 1958 in den beiden deutschen Staaten 96 Großkrawalle, die sich auf 28 Städte (davon 26 Großstädte) verteilten. Neben West- und Ost-Berlin mit zusammen 41 Krawallen war das rheinisch-westfälische Industriegebiet mit insgesamt 16 Krawallen besonders stark vertreten.

Über das Auftreten von sog. Viertelstarken im Alltag von Großstädten wird z.B. berichtet:

> „Auf einmal kam eine Schar Jugendlicher pfeifend und gröhlend, schreiend daher, es waren ihrer etwa zwei Dutzend. Mit, wie mir schien, ängstlichen Blicken wichen ihnen die Passanten aus. An der Straßenecke sprangen die Burschen übers Geländer und gingen bedächtig, absichtlich langsam vorwärts, bis sie das jenseitige Geländer erreichten. Mit eleganten Flanken schwangen sie sich hinüber auf das dortige Trottoir. Während sie die Straße überquert hatten, war aller Verkehr stillgestanden. Nicht nur die motorisierten Fahrzeuge, auch die Trams hatten anhalten müssen, und der Verkehrspolizist, hilflos wie ein Hampelmann, machte Bewegungen, die andeuten sollten 'geht, geht'" (Kaiser 1959, S. 76).

Einige ausführlich vorgestellte Beispiele aus der Untersuchung von Bondy u.a. (1957) sollen die zeitgenössische Berichterstattung über die Halbstarken-Krawalle anschaulich machen.

HAMBURG: Gastspiel Louis Armstrong am 17. Oktober 1955

Am 17.10.1955 sollten in der Ernst-Merck-Halle zwei Konzerte von Louis Armstrong mit seiner Kapelle stattfinden. Die erste Vorstellung sollte von 18.30 Uhr bis 20.30 Uhr, die zweite Vorstellung von 21.30 Uhr bis 23.30 Uhr dauern.
Das erste Konzert begann statt um 18.30 Uhr um 18.45 Uhr und endete mit einer Zwischenpause von 15 Minuten um

20.15 Uhr. Die Ernst-Merck-Halle war mit 6000 Personen besetzt, vorwiegend Jugendlichen. Das Publikum zeigte sich bei den Darbietungen sehr aufgeschlossen und spendete den Künstlern den üblichen Beifall durch Pfeifen und Johlen; es wurde auf Kuhhörnern geblasen und mit Weckern Lärm gemacht. Nach Beendigung der Pause erschien unter dem Gejohle der Menge ein junger Mann aus dem Publikum auf dem Podium und erklärte: „Wir müssen uns bei Herrn Armstrong entschuldigen, daß Hamburg als zweitgrößte Stadt nur eine Markthalle und eine unzureichende Mikrophonanlage zur Verfügung stellen kann."
Nach der vorzeitigen Beendigung der Vorstellung verließ nur etwa ein Drittel der Besucher den Raum, während der Rest stürmisch Zugaben forderte. Armstrong und seine Musiker betraten jedoch nicht mehr die Bühne und auch der Veranstalter gab keine näheren Erklärungen ab. Gegen 20.35 Uhr wurde stürmisch protestiert und einzelne Besucher begannen die Stuhlreihen auseinanderzunehmen. Durch die Lautsprecheranlage auf der Bühne wurde bekannt gegeben, daß nach Aufforderung durch den Hausherrn das Hausrecht an die Polizei übergeben werde. Diese Ansage ging jedoch zum großen Teil unter Protestrufen und Pfiffen des Publikums unter. Aus der Menge wurde jetzt mit Flaschen und Stuhlbeinen geworfen. Nach mehrfacher polizeilicher Aufforderung wurde um 21.04 Uhr mit der Räumung der Halle begonnen. Im Hauptraum der Halle waren sämtliche Stuhlreihen umgelegt und zirka 300 Stühle zerstört.

HANAU, 29. August 1956

Am Spätnachmittag des 26. August 1956, an einem Sonntag, trafen sich im Anschluß an eine Kinovorstellung in Hanau sechs Jugendliche, die sich untereinander kannten. Sie unterhielten sich über mancherlei Dinge, die Jugendliche (14- bis 18-jährige) zu bewegen pflegen, und kamen dabei auf die Idee, mit anderen jungen Leuten am kommenden Mittwoch, dem 29. August 1956, einen Umzug durch die Stadt Hanau und die umliegenden Ortschaften zu veranstalten. Sie wollten recht zahlreich sein, Krawall machen und etwas 'anstellen', um zu zeigen, daß auch sie was könnten'. Bestimmte Vorstellungen über die von ihnen geplanten Taten hatten sie nicht. Die Mitnahme von Schreckschußpistolen, Messern, Taschenlampen und ähnlichem schien ihnen erwünscht und für eine Demonstration auch geeignet. Anschließend holten sie den ihnen bekannten Heranwachsenden B. ab. B. ist älter als sie, konnte 'gut auftreten' und 'ließ sich nichts gefallen'. Er erschien deshalb den Jugendlichen, unter denen sich vor allem der tatkräftige und aktive R. hervortat, als Anführer recht geeignet. B. war mit den Plänen sehr einverstanden.
Am Abend des 29. August 1956 trafen sich vereinbarungsgemäß etwa 20 bis 25 Jugendliche am Freiheitsplatz beim sogenannten „Eis-Italiener". Sie zogen sodann geschlossen zum Gloria-Kino, wo allgemeiner Treffpunkt war und weitere 10 bis 15 Personen zu ihnen stießen. B. und C. hatten Gaspistolen mit Munition bei sich, K. führte einen Dolch und S. einen Hirschfänger mit sich. Als B. vor dem Gloria-Kino zu der Menge stieß, gab er zur Begrüßung zwei Schüsse in die Luft ab. In Dreierreihen zogen sie, Lieder singend, lärmend und johlend in Richtung Steinheim. Unweit der Mainbrücke legten sie sich in den Hinterhalt und stürzten plötzlich lärmend auf drei junge Radfahrer, die in Richtung Steinheim fuhren.

Sie umringten die Radfahrer, zwangen sie zum Absteigen, warfen eine Kiste auf sie und beschädigten das Fahrrad des einen. Ein anderer erhielt Boxhiebe.
Am Bahnhof Steinheim versetzte A. einem anderen Jungen Boxhiebe, angeblich, weil er zu den Jugendlichen der Zusammenrottung „Halbstarke" gesagt habe. Auf ihrem Marsch, der sie durch Steinheim führte, rempelten sie noch andere Jugendliche an, klingelten an Haustüren, hoben vor den Kellerfenstern befindliche Blechklappen hoch und schlugen sie mit Gewalt zu. B. und R. wollten die Menschenmenge organisieren und als Hauptschläger vorausgehen, Passanten anrempeln und mit ihnen Streit anfangen; auf den Pfiff sollten die Zurückgebliebenen zu Hilfe eilen. Wohl gingen B. und R. voraus. Mit ihrem Plan klappte es aber nicht so recht, denn ein Teil der Jugendlichen dachte nicht daran, den Befehlen von B. und R. nachzukommen. In Klein-Auheim entfernten einige Teilnehmer des Umzugs ein amtliches Verkehrszeichen mit der Aufschrift „Durchfahrt verboten" mit Bock und Lampe und stellten es auf die Mitte einer anderen Straße. Andere Jungen beseitigten sodann die Straßensperre wieder und brachten das Verkehrsschild zurück. Wenige 100 Meter weiter hoben etwa 15 Personen der Zusammenrottung unter großem Lärm einen vorschriftsmäßig parkenden PKW. Opel-Rekord hoch und stellten ihn mit Gebrüll quer zur Fahrbahn, so daß die Straße gesperrt war.
Der Marsch ging weiter in Richtung Groß-Auheim. Der Jugendliche A. hielt auf diesem Wege einen Mopedfahrer, einen etwa 40 Jahre alten Mann, an, indem er die Hände ausbreitete und die Straße, soweit sie nicht bereits von der Menge eingenommen war, versperrte. Dem haltenden Mopedfahrer schlug er mit der Hand auf den Kopf, so daß der Hut ins Gesicht rutschte. Etwa in derselben Gegend hielten mehrere Teilnehmer ein Mädchen auf dem Fahrrad an. Sie zwangen sie abzusteigen. Ein Jugendlicher nahm vom Rad des Mäd-

chens eine Luftpumpe ab. Sodann ließ man das Mädchen weiterfahren.
In der Ortschaft Groß-Auheim stießen sie auf eine Schmierkolonne der KPD, die sie für ihre Pläne benutzen wollte. Die Jugendlichen lehnten jedoch eine Beteiligung ab, da sie nichts mit Politik zu tun haben wollten. Die Schmierkolonne verschwand dann auch bald.
Am Ausgang von Groß-Auheim in Richtung Hanau überstiegen fast sämtliche Teilnehmer des Marsches mehrere Gartenzäune und entwendeten aus den Gärten Äpfel und Birnen. Zwar stellten sie bald fest, daß das Obst unreif und ungenießbar war. Sie nahmen es gleichwohl mit und benutzten es als Wurfgeschoß gegen Personen und Häuser.

Krawall in BERLIN-Steglitz bei einem Rummel am 6. September 1956

Nachdem der Rummel vorzeitig geschlossen worden war, behinderten etwa 400 Jugendliche den Straßenverkehr und warfen Knallkörper auf die Geleise der Straßenbahn. Die Polizei wurde tätlich angegeriffen und mit Steinen und Bierflaschen beworfen.
Ähnliches ereignete sich zwei Tage später am selben Platz wieder. Vorbeifahrende Kraftfahrzeuge wurden mit Steinen beworfen, Holzklötze in die Straßenbahnschienen gesteckt und die Polizei tätlich angegriffen.

Krawall in OSNABRÜCK am 20. bis 22. September 1956

20.9.1956: Gegen 20.15 Uhr hatten sich in den Straßen der Innenstadt etwa 600 Personen angesammelt, von denen jedoch nur etwa 350 Jugendliche waren. An diesem Tage waren fast alle Oberschüler erschienen. Auch in der Nebenstraße wurde durch etwa 150 Jugendliche der Verkehr auf der Fahrbahn und den Gehwegen erheblich behindert. Beim polizeilichen Räumen der Straße kam es zu keinen wesentlichen Zwischenfällen, bis etwa um 21.30 Uhr auf einem Trümmergrundstück unter Anführung eines vorbestraften Heranwachsenden Feuer angefacht wurde. Jugendliche versuchten, das Anfahren der Feuerwehr und der Polizei zu verhindern, indem sie Trümmerstücke auf die Straße warfen.

Krawalle in BREMEN am 3. bis 5. November 1956

3.11.1956: Die Nachmittagsvorstellungen waren ohne Vorkommnisse verlaufen. Erst im Anschluß an die dritte Vorstellung, die um 22.30 Uhr beendet war, zogen größere Gruppen Jugendlicher wieder in Richtung Innenstadt. Die in losen Haufen auf der Fahrbahn ankommenden Jugendlichen wurden über Lautsprecher und eine Polizeikette aufgefordert, die Fahrbahn 'zu räumen. Dieser Aufforderung wurde, wenn auch zögernd, nachgekommen. Es bildeten sich Ansammlungen auf dem Marktplatz, auf dem Domhof, in der Sögestraße, im Schlüsselkorb, im Herdentor und in der Bahnhofstraße. Gegen 23.00 Uhr waren dann etwa 300 Personen auf dem Bahnhofsplatz versammelt, hauptsächlich Jugendliche.

Über Lautsprecher wurden die Jugendlichen mehrere Male aufgefordert, ruhig und besonnen zu bleiben und den Anweisungen der Polizeibeamten Folge zu leisten. Die Jugendlichen schrien „Rock'n'Roll" und johlten. Ein jüngerer Heimleiter, der vielen Jugendlichen bekannt war, versuchte, auf die Jugendlichen über den Lautsprecher einzuwirken. Nach der polizeilichen Räumung des Bahnhofsvorplatzes versammelte sich ein Teil der Menge erneut in den umliegenden Straßen. Dieser Personenkreis war persönlichen Belehrungen durch Polizeibeamte zugänglich. Um 0.05 Uhr konnten alle polizeilichen Maßnahmen aufgehoben werden.

4.11.1956: Bereits nach Beendigung der Nachmittagsvorstellung versammelten sich gegen 19.30 Uhr einige Hundert Jugendliche vor dem Palast-Theater. Sie bewegten sich randalierend in Richtung Marktplatz und von dort über Sögestraße und Schlüsselkorb in Richtung Bahnhofsvorplatz. Die meisten dieser Jugendlichen machten aber vor dem Bahnhofsvorplatz kehrt, um sich erneut in die Sögestraße zu begeben. Gegen 20.20 Uhr war die Räumung der Sögestraße erforderlich. Einige Hundert Jugendliche hatten sich hier versammelt. Auch auf dem Marktplatz waren bereits wieder etwa 200 johlende Jugendliche zusammengekommen, von denen bekannt wurde, daß sie gemeinsam zur Wache 6 gehen wollten, um die Wache zu stürmen und die Festgenommenen zu befreien. Nach der Räumung des Marktplatzes und der Sögestraße hatten sich um 21.00 Uhr erneut etwa 100 Jugendliche am Dom versammelt, die allerdings ohne Anwendung von Gewalt zerstreut werden konten.

Um 22.30 Uhr formierten sich die Besucher der letzten Kinovorstellung sofort nach der Vorstellung zu einem Zug und setzten sich brüllend und randalierend auf der Fahrbahn in Richtung Innenstadt in Bewegung. Dabei wurden Straßenbahnen angesprungen und angehalten, Autos zum Halten gezwungen und beschädigt. Nachdem man den Beamten erheblichen Widerstand geleistet hatte, wurde der Wasserwerfer eingesetzt. Mit starkem Polizeieinsatz wurden nun die Straßen geräumt. Immer wieder sammelten sich in den umliegenden Straßen Jugendliche an, die von der Polizei zerstreut werden mußten.

BERLIN, Bei der Vorführung des Filmes „Außer Rand und Band" Teil I am 6. Januar 1957

Am 6.1.1957 war die Vorstellung des Filmes im Globus-Lichtspieltheater in Berlin-Neukölln ausverkauft. Kleinere Gruppen von Jugendlichen aus den Straßen der Umgebung hatten sich im Vorverkauf Karten besorgt und dabei darauf geachtet, daß ihre Plätze alle nebeneinander im gleichen Block lagen. Die Vorstellung wurde teilweise durch Schreien, Trampeln und Pfeifen gestört. Sie konnte jedoch ohne Unterbrechungen zu Ende geführt werden.
Nach Schluß der Vorstellung, gegen 22.00 Uhr, blieben die jugendlichen Besucher in kleineren Gruppen vor dem Kino stehen. Ein junger Mann machte laut das Angebot, daß er seine neuesten Rock'n'Roll-Platten vorspielen werde. Zu diesem Zweck wollte er an das Fenster seiner in der Nähe liegenden Wohnung ein Grammophon stellen und die anderen Jugendlichen sollten auf der Straße zur Musik tanzen. Dieses Angebot fand den Beifall der anderen. Die einzelnen Gruppen kannten sich untereinander nur vom Sehen. Unter Anführung dieses Heranwachsenden zogen nunmehr etwa 20 Jugendliche durch die Straßen. Unterwegs stießen noch andere einzelne Personen hinzu. Auf dem Weg kamen die Betreffenden an einem Auto vorbei. Einer erklärte, daß dieses Auto (Goliath-Wagen) so klein sei, daß es auf dem Fahrdamm nichts zu suchen hätte. Unter dem Geschrei und Gejohle der anderen wurde das Auto am hinteren Teil angehoben und auf den

Bürgersteig gestellt. An einem anderen Fahrzeug wurde die Kühlerverschraubung, ein Mercedes-Stern, entfernt. Ein älteres Ehepaar, welches der Gruppe entgegenkam, wurde angerempelt. Ein Junge riß Steine aus dem Mosaikpflaster des Bürgersteigs und warf damit nach Straßenlaternen und den Fenster der umliegenden Wohnhäuser.

An einer Parterrewohnung bemerkten die Jungen, daß dort eine Jalousie nicht völlig heruntergelassen war und im Zimmer Licht brannte. In dieser Wohnung befanden sich mehrere ältere Leute bei einer Geburtstagsfeier. Zur Lüftung des Raumes war das Zimmerfenster geöffnet. Einer der Jungen erklärte, es sei seine Sache, die „Herrschaften auf den Trab" zu bringen. Er griff durch das Fenster hindurch, bekam einen Teewagen zu fassen und warf diesen um. Die anderen brachen in ein wildes Geschrei aus, als sie sahen, wie die Geburtstagsgäste eine Schreck bekamen. Mit dem Ruf „Weg frei" zogen sie zur nächsten Straßenecke und stemmten sich gemeinsam so gegen einen Zaun, daß dieser teilweise umbrach und einstürzte. Der Kleinste und Jüngste der Gruppe, 14 Jahre alt, bewies seinen „Mut", indem er die Scheibe eines Feuermelders einschlug. In der nächsten Straße wurden die Klingelknöpfe an den Wohnhäusern gedrückt.

Darauf beschlossen die Jugendlichen, ein Lokal an der Ecke der nächsten Hauptstraße aufzusuchen, um die Gäste und den Wirt zu ärgern. Sämtliche – etwa 30 – Personen sollten das Lokal betreten, aber nur ein einziges Bier bestellen, welches immer weitergereicht werden sollte. – Inzwischen war aber die Polizei erschienen und die Beteiligten flüchteten nach allen Seiten, wobei Polizeibeamte auch tätlich angegriffen wurden.

4.6 Ursachen und Motive

Es gibt neben der Sensationsberichterstattung eine „aufgeregte“ wissenschaftliche, öffentliche und pädagogische Debatte in den Fachzeitschriften für die Jugendpflege, den Jugendschutz, die Schule und auch die Polizei.[42] In der zeitgenössischen jugendsoziologischen, -pädagogischen und kriminologischen Diskussion werden einerseits sensible ätiologische Fragestellungen und pädagogische Ratschläge akzentuiert, andererseits finden sich durch die Etikettierung der Verhaltensweisen als Kriminalität und Widerstand auch Forderungen nach autoritär-repressiven Vorgehensweisen wieder; gefordert werden Massenverhaftungen und Aburteilungen vor Schnellgerichten.

Die von Bondy und Kaiser vorgenommenen Unterscheidungen der drei Krawalltypen betonen deren jeweiligen Selbstzweck; die ungesteuerten und selbsttätigen Abläufe richten sich unspezifisch gegen „die Erwachsenen“ und „die Ordnung“. So wird denn auch auf einen diffusen „Betätigungsdrang“ und die Hoffnung der Jugendlichen verwiesen, daß bei ihren „Zusammenkünften“ und ihrem „Zusammenstehen“ doch etwas passieren möge. „Bewußte Planung, zielstrebige Leitung

42 C. Bondy u.a. listen in ihrer Veröffentlichung 1957 insgesamt 220 Titel über „die Halbstarken“ auf.

sind nicht zu erkennen, eine echte Befehlsgewalt einzelner fehlte erst recht“ (Schüler-Springorum/Sieverts 1963, S. 33).

Die Jugendkultur der Halbstarken und ihre Verhaltensweisen werden in der jugendsoziologischen, -psychologischen und -pädagogischen Diskussion in der zweiten Hälfte der fünfziger Jahre im Zusammenhang der Entwicklungsphase „Jugend“ und von „Jugendproblemen unserer Zeit“ diskutiert. Dabei wird vor allem auf folgende Kennzeichen des gesellschaftlichen Strukturwandels hingewiesen: In der modernen industriellen Gesellschaft ist der Übergang von der Rolle des Kindes in die Rolle der Erwachsenen schwieriger, als dieser Übergang in allen anderen uns bekannten Gesellschaften (z.B. agrarisch-handwerklichen) war. Die sichernden Jugendinstitutionen der Gesellschaft – Familie, Nachbarschaft, Betrieb, Siedlungs- und Religionsgemeinschaften – bieten nicht mehr die soziale und biographische Sicherheit für diesen Prozeß. Damit wird für die Jugendphase eine grundlegend neue Aufgabe formuliert, nämlich die Suche nach neuen Verhaltenssicherheiten unter veränderten sozialstrukturellen Bedingungen. Hilligen deutet eine gesellschaftskritische Perspektive an, wenn er konstatiert, daß es sich bei den Verhaltensweisen von Jugendlichen eigentlich nicht um „Jugendprobleme“ handelt. „Was die Erwachsenen nicht bewältigen, wird an den Jugendlichen sichtbar: der empfindlichere Seismograph schlägt stärker aus, so stark bisweilen, daß er die Skala sprengt!" (1957, S. 24).

Schelsky sieht in den Prozessen der Anpassung an und in die Strukturen der Gesellschaft die zentrale Verhaltenszumutung an die Jugend. In den sog. „Halbstarkenkrawallen" und deren Erlebnismustern sieht er Symptome für einen „sinnlosen Ausbruchsversuch" aus einer verwalteten, präformierten, bürokratischen Welt. Er kommt zu der These, daß „die Ordnung die Jugendlichen stört" und fragt: „Es ist ein natürliches Bedürfnis der Jugend, Autorität zu provozieren. Und wer läßt sich heute noch provozieren? Wo hat diese Jugend Gelegenheit, das zu tun, was jede Jugendgeneration will: sich in Spannungen an großen Aufgaben zu bewähren?" (1958, S. 26 f.). Bondy u.a. (1957) verweisen auf zeittypische Merkmale, Erlebnisse und Situationen, die sie als ursächlich für die „Wesenszüge der Halbstarken" – und die Entwicklung von Jugendlichen generell – ansehen: Entwicklungskrise und Akzeleration, im Beruf ein Pseudo-Erwachsener, Zerrüttung der Familie, Schwierigkeiten während der frühen Kindheit, Einengung des Lebensraumes, Zusammenbruch von Werten und Vergnügungsindustrie, typische Zivilisations- und Überflußdelikte. Der Lebensraum von Jugendlichen wird qualitativ und quantitativ als „unsagbar verarmt" charakterisiert, so daß Aktivitäten „ungelöst" bleiben, Affekte nicht „abfließen" können und sie sich bei einem Mangel an Hobbys „langweilen" (Muchow

1956). Kaiser (1958) verweist auf den Mechanismus der „Ventilsitte für die dauernde Triebverdrängung", mit der sich Jugendliche gegen die Langeweile der zweckrationalen Ordnung der Zivilisation und die moderne Massengesellschaft wenden bzw. aus denen sie Auswege suchen. Die Ausbruchsversuche gegen die „Ordnung", die Enge der verwalteten Welt, können als Strategien verstanden werden, individuelle Freiheit und Handlungsfähigkeit herzustellen bzw. wi(e)der zu gewinnen, Leitbilder der Lebensbewältigung zu finden.[43]

Bei der Suche nach Ursachen und Schuld für diese Verhaltensweisen wird wiederholt auf mehrere parallele Entwicklungen und Schuldzuweisungen verwiesen: die fehlende familiäre, schulische und religiöse Erziehung (Entwurzelung) bzw. deren Bankrott; die fehlenden Wertbegriffe und Orientierungen in der Gesellschaft; die „unglückliche, mißverständliche Rolle des Begriffs der Demokratie" (als angebliche Freiheit von jedem Zwang, als Liberalismus und laissez-faire) und die falsch verstandene „Erziehung zur Selbständigkeit"; die fehlenden Vor- und Leitbilder; die Unzufriedenheit mit Beruf und Arbeit (der größte Teil der Jugendlichen sind „ungelernte

43 Als gesellschaftlich organisierte und gebilligte „Ventilsitten" (Ausbrüche) können u.a. Silvester, Maischerze (Nacht zum 1. Mai), die „Vatertags-Erscheinungen" zu Himmelfahrt und auch die Kirmes – verbunden mit Alkoholgenuß – verstanden werden.

Hilfsarbeiter und Lehrlinge") mit der Perspektive des „Unten-Bleiben-müssens". Besonders gefährdet seien – so Zuschreibungen – die „Primitiven, Frustrierten und Nihilisten", die in ihre „Wildform" zurückzufallen drohen. Bornemann sieht in Verhaltensweisen wie „Passanten belästigen, Spielplätze und Parkanlagen demolieren, auf Sportplätzen das Publikum und den Schiedsrichter niederschreien, Knallkörper auf die Straße werfen, mit donnerndem Lärm mit ihren Motorrädern um die Häuserblocks rasen, sich mit Vorliebe fremder Autos bemächtigen, ohne Führerschein sinnlos in der Gegend herumfahren", die Suche nach ungezügeltem Kraftmeiertum und Gelegenheiten, Aufmerksamkeit auf sich zu lenken. Er akzentuiert die Sehnsucht der entwurzelten Halbstarken, eine Rolle im Sozialgefüge spielen zu wollen (1958, S. 92). Er reflektiert die Lebenssituation der Jugendlichen, ihr Unbehagen, ihre unerfüllten Lebensansprüche, und er kritisiert die Stimulantien (Freuden der Großstadt) der Vergnügungsindustrie mit ihren Verlockungen und gleichzeitigen Verboten in der Freizeit von Jugendlichen. Als weitere Interpretationsfacette bietet er an: Die Jugendlichen haben im Alter ab 14/15 Jahren z.T. einen guten Verdienst (Schulzeit und Lehre werden oft abgebrochen, als Hilfsarbeiter wird Geld verdient); die Halbstarken kommen aus allen sozialen Schichten und werden durch „keinerlei Bindung an Beruf, Elternhaus und Schule geführt" und „rotten" sich – seelisch isoliert und als Symptom für Führungslosigkeit – in Gruppen und Banden zusammen (Bornemann 1958, S. 92).

Bornemann betont, daß die Jugendlichen nicht kriminell sind und auch nicht sein wollen; „zu eigentlichen Gewalttätigkeiten kommt es meist erst dann, wenn gegen sie vorgegangen wird“ (S. 93). Die Denkschrift des Bayerischen Ministeriums für Unterricht und Kultus kommt zu der Einschätzung: „Bei den hier in Frage stehenden Jugendlichen handelt es sich nicht ... überwiegend um kriminelle Halbwüchsige, (aber) ... auch nicht um Lausbubenstreiche und Flegeleien ... Das eigentliche Problem liegt ... dazwischen. Es handelt sich um Auswüchse und Umtriebe, die über bloße Flegeleien und Rüpeleien hinausgehen: um das Randalieren von Halbwüchsigen in der Öffentlichkeit und um Krawalle mit der Polizei, ferner um Gewalttaten. ... Daß es sich dennoch nicht eigentlich um Kriminelle handelt, macht die besondere Problematik der Halbwüchsigen aus“ (1956, S. 1). Die Zugehörigkeit zu Halbstarken-Gruppen wird – so zeigen Interviews mit Jugendlichen – von ihnen mit Stolz empfunden, und sie gibt Genugtuung, Bedeutung im Gruppenzusammenhang und gesellschaftliche Aufmerksamkeit; diese Effekte werden gerade auch durch die Berichterstattung in Zeitungen nach Ausschreitungen gefördert.

Entwicklungspsychologisch wird vor allem auf das wesentliche Merkmal der Jugendphase hingewiesen: die Verselbständigung und die Loslösung vom Elternhaus.

Die Formen der Pubertätsverläufe sind unterschiedlich, von Zeitströmungen geprägt. Zur Grundbefindlichkeit von Jugendlichen kann – so die zeitgenössische Diagnose – eine „Trotzeinstellung gegen die Autorität", das Zusammentreffen von „Betätigungs- und Geltungsdrang", Befreiungsversuchen einerseits und „geistig-seelischer sowie sozialer Labilität" andererseits als typisch für die Phase des Übergangs von der Kindheit ins Erwachsensein gehören. Mit ihrem kulturellen Stil, ihrer Musik, entgrenztem Tanzverhalten und betonter Körperlichkeit drücken die Halbstarken ihr Lebensgefühl aus, brechen Tabus und provozieren die Erwachsenen mit ihren Geltungsansprüchen.[44] Verwiesen wird auf eine „komplizierte Zwitterstellung" des „Noch-nicht- und Schon-Erwachsenseins". Es ist die Rede von „echter Jugendnot", „sozialer Entfremdung", „diffusem Unbehagen", der „Verarmung des jugendlichen Seelenlebens" in einer zivilisierten, materiell orientierten Welt, von „geschrumpften Lebensräumen" für Jugendliche, von Ausbruchsversuchen und Wohlstandsdelikten und dem „Verlangen nach Orientierung" (Hilligen 1958). Einige politische Kommentare versuchen, dem Phänomen der

44 Krüger (1986) verweist auf den Protestgehalt der Stilelemente der Jugendkultur gegenüber der keuschen Wohlanständigkeit in der prüden Wiederaufbaurepublik wie auch auf die Übernahme der amerikanischen Massen-/Konsumkultur wie Rock-Musik, Jeans, Petticoats, Lederjacken, Elvis-Tolle u.a.

„Halbstarken" in einer Mischung von Gesellschaftskritik und pädagogischen Ratschlägen näherzukommen; so heißt es u.a.:

„Sie (die Halbstarken, B.H.) beklagen die Ungerechtigkeit unserer Zeit und wettern über das Tun und Treiben 'der anderen'. Sie meinen, daß in unserer Gesellschaft 'etwas faul' ist. Sie empfinden unklar, daß der einzelne Mensch in unserer staatlichen und politischen Gemeinschaft noch keinen festen Platz gefunden hat, daß er sich und sein privates Leben den unpersönlichen Bereichen der Gesellschaft nicht richtig zuordnen kann. Deshalb sind die 'Halbstarken' arm an Kontakten. Sie haben meist niemand, der sie mit ihren Sorgen ernst nimmt, der ihnen hilft und einen Weg zeigt. Im Betrieb sind sie ein namenloses Rad in der Maschine der Produktion, und in der Familie haben Vater und Mutter nur selten Zeit, sich mit den Problemen ihrer Kinder ernsthaft zu beschäftigen" (in: Die Neue Gesellschaft 1956, S. 390).

Zum prägenden alltagsbezogenen Erlebnis- und Erfahrungsgehalt der Kindheit und Jugendphase der „Halbstarken" merkt Dietz an:

„Das Leben des um 1938 geborenen jungen Menschen bestand aus einer Kette von Absonderlichem, Ungesundem und Anormalem: Hunger, Zittern um Leben und Gesundheit, Fehlen des Vaters, Überreizbarkeit der Mutter, Leid, Familienentfremdung, Schwarzhandel, Zigarettenprostitution, Willkürherrschaft, Pazifismus, Militarismus" (1956, S. 768).

Für die Jugendlichen, deren Pubertätsjahre nach 1950 liegen, nennt Bornemann als prägende Erlebnis- und Erfahrungswelt: technischer und wirtschaftlicher Aufstieg (Fortschritt) verbunden mit nüchternem Wirklichkeitssinn, Job-Mentalität und dem Drang nach Besitz und Wohlstand.

Verwiesen wird ferner auf die Ursachen in und die Schuld der Erwachsenengesellschaft und -welt, die „nicht" oder „falsch" erzogen habe. Der Verlust und die Abwertung von sittlichen Normen, das „fehlende Mindestmaß an sittlichen, sozialen und politischen Übereinkünften" (als Dialektik von „Freiheit und Norm") wird vor allem der Sensationspresse, Politikern und Pädagogen zugeschrieben; deren Antworten auf Orientierungsprobleme in einer komplizierten Gesellschaft seien vereinfachend oder unverständlich, die Sehnsucht nach einfachen Formeln würden die „Halbstarken" nur kopieren. Zulliger setzt demgegenüber auf die Gemeinschaft mit kulturell höheren Zielen, auf wahre Autorität im „rechten Familienleben" und das Einlösen der „Suche nach höheren Autoritäten", weil die Gefahr besteht,

> „daß der pubertierende Mensch sich solche Autoritäten sucht, die seiner Triebgebundenheit entsprechen. Er lehnt all das ab, was wir als 'das Höhere' schätzen und bildet Banden, die von einem triebenthemmten Führer autoritativ beherrscht werden" (1961, S. 191).

Beklagt wird immer wieder die fehlende Tugenderziehung in Familie und Betrieb und daß es der „heutigen Jugend“ an Führung, an Idealen, Prinzipien, Aufgaben, Pflichten und Verantwortung fehle. Die Unfähigkeit vieler Eltern sieht Gerson (in Anlehnung an Muchow) in der „Erziehung zur Selbständigkeit“, wenn sie „auf jede Erziehung verzichten oder aber ihnen (den Kindern, B. H.) jeden Wunsch erfüllen, um ihre Ruhe zu haben, während die Kinder im Bereich des Menschlichen zu kurz kommen“ (1957, S. 39). Beklagt wird, daß die ältere Generation an Achtung und „echter Autorität“ eingebüßt habe. Das beklagte moralisch-seelische „Wertvakuum“ der Jugendlichen aus den unteren sozialen Schichten wird angeblich besetzt mit problematischen Erlebnismustern, mit Sehnsüchten und Materialien aus Filmen, „Schundliteratur, früher Erotik und plattem Materialismus“. Als Folge wird eine „Straßendiktatur der Halbstarken“ diagnostiziert, die sich in „Rohheit, Unordnung, Zerstörungswut“ ausdrückt.

In der soziologischen Diskussion entwickelt Schelsky den Typus der „Skeptischen Generation“, die er – als Folge von Kriegs- und Nachkriegserfahrungen – in ihrem Lebensgefühl als „skeptisch, mißtrauisch, glaubens- oder wenigstens illusionslos“ charakterisiert (1957, S. 381). Gleichzeitig diagnostiziert er eine „Veränderung der vitalen Grundbefindlichkeit“ und neue Züge vitaler Erlebensformen unter Jugendlichen, die er auch bei den „Halbstarken“ sieht; dabei vertreten sie keine Ideologie der Auflehnung, es gibt keine Rädelsführer. Er sieht im Verhalten der Jugendlichen insbesondere Eruptions-, Ausbruchs- und Befreiungsversuche (Ventilfunktion); provoziert werden sollen vor allem die Autoritäten und die Ordnung (vor allem die Polizei) mit ihren Zumutungen. Die Krawalle werden als Reaktion auf die „eingeengte Stellung" von Jugendlichen in der Gesellschaft, als Ausdruck einer vagen Unzufriedenheit verstanden. Schelsky schreibt:

> „Vor allem scheint mir der emotional und momentan explosive Protestcharakter des Krawallverhaltens als eine ungeplante, aber in vitalen Bedürfnissen verwurzelte Ausbruchsreaktion der Jugendlichen gegen die manipulierte Befriedigung des modernen Lebens und gegen den unangreifbaren Konformitätsdruck der modernen Gesellschaft bemerkenswert. ... Die Ordnung stört die Jugendlichen" (1957, S. 387).[45]

45 Schelsky prognostiziert, anknüpfend an die „Halbstarkenkrawalle", Ende der 50er Jahre eine „sezessionistische Jugendgeneration", die durch „sinnlose Ausbruchsversuche" gekennzeichnet sein wird. Er versteht diese Formen von Verhaltensweisen als Reaktionen gegen die institutionalisierte, zivilisierte, moderne Welt. Er sieht die Formen der Ausbruchsversuche „aus der Welt in Watte" wechseln und prognostiziert weiter vor allem „moralische und religiöse Rigorositäten". Er interpretiert die Verhaltensweisen in der Struktur des Generationenkonfliktes: Die Jugend könne das Erbe der modernen Gesellschaft (der Erwachsenen) nicht ohne Protest übernehmen.

Als „Rebellion gegen die soziale Utilität", als einen Ausweg, aus der Ungleichheit herauszukommen, bezeichnet Pross (1957) das Verhalten der Jugendlichen:

> „Die Jugendlichen begehren gegen ihre Zwischenstellung auf. Das war im Steglitzer Wandervogel ebenso wie in den Halbstarken-Banden von 1957. Der Protest richtet sich gegen die soziale Utilität als solche. Es ist darum nur folgerichtig, daß die Inhaber der gesellschaftlichen Positionen sich dagegen wehren; wie sie dabei verfahren, zeigt was sie wert sind und wie es um die angeblich so heilsamen Institutionen steht, die da verteidigt werden" (1957, S. 122).

Neben den mehr multifaktoriellen Ursachenforschungen und Betrachtungsweisen, die versuchen, der komplexen Realität gerecht zu werden, d.h. neben dem verständnisvoll erzieherischen und kulturell geleiteten Paradigma gibt es Einschätzungsversuche und Forderungen, die an Strafe, der Einordnung der Straftaten in Delikttypen und einem „scharfen Durchgreifen" interessiert sind; dies drückt sich in Formulierungen wie „verwilderte, anarchisch-destruktive Jugend ohne Ziel, Glauben und Zukunft" aus. Die staatlichen Organe reagierten denn auch mit zunehmender Härte; es wurden Warnschüsse abgegeben, es gab Massenverhaftungen, lange Untersuchungshaft und schnelle Aburteilungen, die Trennung in Rädelsführer und Mitläufer. Pross kommentiert die polizeilichen Verhaltensweisen anschaulich:

„Bei den Rüpeleien, die im letzten Jahr die Öffentlichkeit beunruhigten, sind denn auch die Reaktionen der Erwachsenen interessanter gewesen als die Zusammenrottungen als solche, die bekannten psychologischen Gesetzen folgten. Typisch für diese Reaktionen erscheint mir eine obrigkeitliche Äußerung: Die Anordnung eines norddeutschen Polizeipräsidenten, die jugendliche Menge durch gezielte Gummiknüppelschläge auf das Gesäß zu zerstreuen. In dieser unglückseligen Anweisung liegt nicht nur das Eingeständnis, daß die Polizei nicht bedroht war, denn wäre sie es gewesen, hätte sie wohl kaum Zeit gehabt, die Jugendlichen von hinten zu schlagen, zum anderen aber zeigt sie die Attitüde dessen, der im Psychologieunterricht gerade gefehlt hat und nun die anderen dafür strafen will. Ein Polizeipräsident wird von der Öffentlichkeit bezahlt, um die Ordnung aufrechtzuerhalten und nicht, sich als Steißtrommler zu versuchen, vollends nicht dafür, junge Leute durch derartige Versuche in einen Gegensatz zum Staat zu treiben, der in der Zusammenrottung als solcher 'nicht drin' war" (1957, S. 122).

4.7 Pädagogische Anregungen

Mitte der fünfziger Jahre ist die pädagogische Diskussion von der Frage bestimmt, ob die Jugend mehr autoritär oder mehr demokratisch zu erziehen sei. In der Abwägung von autoritärer und demokratischer Auffassung über Erziehung wird schließlich der demokratische Weg favorisiert.[46] Roth schreibt im Jahr 1955 beispielsweise zu dieser Auseinandersetzung: „Die neue (demokratische, B. H.) Erziehung weiß, daß die heutige Jugend mit den alten autoritären Methoden nicht mehr zu gewinnen, höchstens zu bändigen ist. Die Jugend ist nun einmal durch die Ereignisse des Zusammenbruchs und seiner Folgen wach, wendig, kritisch, nüchtern, skeptisch und bindungsscheu geworden. ... Es geht also in der neuen Erziehung um eine neue erzieherische

46 Roth sieht im Abschied von der „alten Autoritätserziehung" und in der neuen, demokratischen Erziehung vor allem auch Bemühungen, in der Tradition von „Religion, Ethik und Humanität" neue Formen der „erzieherischen Autorität" zu finden. In seinen zehn Leitsätzen heißt es u.a. „Bedenke, daß man durch betont autoritative Erziehung wieder autoritäre Menschen aufzieht: entweder Untertanen- oder Herrscher- oder Rebellennaturen. Laß Dir sagen, daß wirksame demokratische Erziehungsmittel erst gelernt sein wollen. Demokratische Erziehung besteht im Abbau autoritärer Erziehungsmethoden und im Aufbau freiwilliger Verpflichtungen aufgrund gegenseitiger Achtung und Liebe" (1955, S. 57).

Autorität; das ist die 'Zucht der gemeinsam durchgeführten Aufgabe'; diese Zucht wächst aus den Regeln der Zusammenarbeit, die sich als sachlich notwendig und menschlich verpflichtend erweisen" (S. 16 ff.).

In der Formung der Persönlichkeit durch erzieherische und kulturelle Angebote in der Freizeit sowie in der Aufgabe, die Jugendlichen stärker an den „Dienst am Ganzen" heranzuholen, werden bedeutsame Instrumente und Wirkungen gesehen.

> „Für die älteren Jugendlichen müssen wir neue Formen der Jugendhilfe finden, wie etwa Jugendclubs, Heime der offenen Tür und Nachbarschaftsheime. ... Hier schließen sie sich nach persönlichen Bedürfnis zu 'informalen' Gruppen zusammen, nach denen sie sich sehnen. Hier haben sie Gelegenheit, untereinander oder mit dem Heimleiter in Ausspracheabenden die sie bewegenden Lebensfragen durchzusprechen.
> Wie stark sogar kriminelle und 'halbstarke' Jugendliche durch solche sozialpädagogischen Einrichtungen Verwurzelung und Lebensinhalt finden, beobachtet man zur Zeit in regelmäßigen Jugendabenden, die in Bochum, Hamburg und anderen Städten für einen geschlossenen Kreis bestimmter Jugendlicher veranstaltet werden" (Bornemann 1958, S. 95 f.).

In der pädagogischen Diskussion wird eine „neue, demokratische Erziehung" (Roth) in Schule und Elternhaus empfohlen, die gleichzeitig „Normen verbindlich verpflichtet ist", „Gehorsam einklagt" und „Autorität achtet"; gefordert werden „echte Autoritätsinstanzen", die ihre „Straf-, Zwangs- und Zuchtmittel auch einsetzen".

Dies zielt vor allem auf die staatliche Ordnung (Recht des Staates), die als „wahre Demokratie“ um des „Gemeinwohl willens“ dem Einzelnen Beschränkungen ihrer individuellen Freiheit auferlegen und auf die Ahndung durch Strafverfolgungsbehörden und Jugendstrafrecht (insbesondere der „Rädelsführer“) bestehen muß. Auch die Bundeswehr wird als anpassende und harte Sozialisationsagentur für die „Halbstarken“ (wie auch für Fürsorgezöglinge) empfohlen; der soldatischen Erziehung werden Funktionen zugeschrieben, die in der Weimarer Republik vom Arbeitsdienst und vielen Jugendverbänden wahrgenommen wurden.

> „Gerade für die sogenannten Haltlosen dürfte die Bundeswehr geeignet sein, zumal dann, wenn sie sich mit ihrem bisherigen Verhalten noch nicht 'abgefunden' haben, sondern einen Halt suchen und die Möglichkeit dieses Haltes in der Bundeswehr klar sehen“ (Gerson 1957, S. 40).

Die durchaus einfühlsame Perspektive „Erziehen statt Strafen“ soll vor allem von der Familie, der Schule und in der Freizeit realisiert werden. Für die Jugendarbeit werden neue und die Inpflichtnahme der bestehenden jugendpflegerische Angebote (Beschäftigungen) in der offenen und verbandlichen Jugendarbeit (u.a. in Form von Wochen der Jugend, staatsbürgerlicher Erziehung und Bildung, Elternschulung, von Lesestuben mit Impulsen zum „Guten und Schönen“) vorgeschlagen. Darüber hinaus werden Jazz-, Film- und Tanzveranstaltungen, Moped- und Motorradrennen, Hindernisfahrten und Wettkämpfe von „innerlich jung gebliebenen Erwachsenen" für „Halbstarke" angeregt. Statt Kinobesuch, Radiohören und Fernsehen wird der Besuch von Sportveranstaltungen empfohlen; die Jugendlichen sollen selbst musizieren, ein gutes Buch lesen, Sport treiben, wandern und basteln.[47] „Die Forderung nach jugendgemäßen Betätigungsstätten für Sport, Spiel, Bildung und Geselligkeit kann nicht oft genug gestellt werden" (Steyer 1956, S. 349). Diskutiert und gefordert werden ferner, den Jugendlichen in ihrer Freizeit „den nötigen Lebensraum" zu schaffen (Heime der Offenen Tür), eine allgemeine Schulpflichtverlängerung und die Verbesserung der beruflichen Bildung. Hilligen berichtet von einer Erfahrung im politischen Unterricht:

> „Eine Frankfurter Schule hat seinerzeit das Problem der 'Halbstarken' aufgegriffen. Es begann mit einem Podiumsgespräch mit verteilten Rollen (Passant, Journalist, Vater, Lehrer, Polizist, Angehöriger eines Jugendverbandes, 'Halbstarker'), die von einzelnen Schülern 'gespielt' wurden. Dieses Rollenspiel gab

47 Die Mopedbegeisterung von Jugendlichen Ende der fünfziger und Anfang der sechziger Jahre werden als pubertäre Kraft- und Machtäußerungsbedürfnisse, Erlebnishunger interpretiert, die – gruppenpädagogisch beaufsichtigt – ebenfalls in „sozial angenehme Bahnen" gelenkt werden sollten: u.a. mit Mopedclubs, Ziel- und Geschicklichkeitsfahren.

> einen guten Einstieg und ließ mühelos alle Fragen erkennen, die die Jugendlichen (10. Schulj.) bewegten." (1957, S. 26).

Vor allem die Lehrer, Erzieher und Eltern sollen den erziehungsbedürftigen und gefährdeten Jugendlichen „Maßstäbe des lebenserfahrenen Erwachsenen" vermitteln; d.h.: Triebverzicht, Selbstbeherrschung und Tugenderziehung aber auch Selbstwertgefühle, gestaltende Teilhabe, Beachtung, Anerkennung, soziale Zufriedenheit und Sinn. Sie sollen ihnen Vorbild sein und den Taten- und Erlebnisdrang der Jugendlichen in die „richtigen Bahnen lenken" (vgl. Muchow 1956). Zur Beseitigung der vielfach verbreiteten pädagogischen Ratlosigkeit wird auf die Vermittlung von Leitbildern verwiesen. Weinstock begründet dies so:

> „Aber es heißt doch nun wirklich das Kind mit dem Bade ausschütten, wenn man der Erziehung das Recht, ja die Pflicht abspricht, nach einem Leitbilde zu verfahren. Denn so nimmt man ihr Würde und Verantwortung sinnvollen Handelns und gibt sie dem Zufall des Augenblicks, seines Einfalls und seiner Stimmung preis. Vor allem aber läßt man das natürliche Bedürfnis des Jugendlichen nach Leitbildern ungestillt und überläßt ihn also ohne Gegenbild den verführerischen, banalen oder gar gemeinen Bildern, wie sie die anonymen 'Erziehungsmächte' dieser Zeit (Kino, Illustierte, Sportbetrieb, Mode) sie auf Schritt und Tritt anpreisen" (1957, S. 147).

Erwachsene werden aufgefordert, endlich ihre „Führungsaufgaben“ und das Bedürfnis der Jugend „nach Führung“ mit Geduld und „bescheidenen Zielen“ anzunehmen. Als entscheidend für Erfolge wird die Erzieherpersönlichkeit gesehen, die es versteht, den Jugendlichen anzunehmen, mit ihm zu reden und ihn zu positiven Handeln zu führen (von Körber 1955).[48]

Aus der umfangreichen politischen Kommentierung soll hier mit einem längeren Zitat auf die – zugleich nachdenkliche, kulturkritische und pädagogisch ermahnende – Stellungnahme des Bundesinnenministers Schröder aus dem Jahre 1956 hingewiesen werden. Anläßlich einer Jungmeisterehrung der Handwerkskammer in Düsseldorf am 23. September 1956 führte er zu den Jugendkrawallen u.a. aus:

48 Ende der 50er Jahre wird die wiederholte Inpflichtnahme von Jugendarbeit, auf dem Hintergrund von Krisen- und Selbstverständnisdiskussionen, reflektiert. Vor allem die Jugendverbände wehren sich gegen immer wieder neue Anforderungen, die über ihre „ursprünglichen Aufgaben“ hinausgehen. „So erklärt sich wohl der Prozeß der Einigelung, der in vielen Verbänden zu beobachten ist. Sie sind müde geworden, immer wieder mit der 'Verantwortung für die Nichtorganisierten' betrommelt zu werden. Zu oft haben sie jene Appelle gehört, die insbesondere durch die Halbstarkenkonjunktur ausgelöst wurden, und die ihnen eine entscheidende Aufgabe an den noch Fernstehenden zuwiesen“ (Stammler 1959, S. 4 f.).

„Gewisse Vorfälle, die in letzter Zeit die breite Öffentlichkeit stark beschäftigt haben, – ich meine die Krawalle und Zusammenrottungen Jugendlicher in einigen Großstädten der Bundesrepublik – haben leider, und nicht zuletzt durch sensationell aufgemachte Presseveröffentlichungen, eine Dramatisierung erfahren, die bedauert werden muß. Jede Dramatisierung kann nur allzuleicht zu einer einseitigen und falschen Beurteilung der gesamten Jugend führen. Das in diesem Zusammenhang leider aufgekommene scheußliche Modewort der 'Halbstarken' ist geeignet, dort zu verletzen, wo Äußerungen des Vertrauens und der Liebe eher am Platz wären. Wenn es zu Zusammenrottungen und Ausschreitungen irregeleiteter, aber nicht-krimineller Jugendlicher in einigen Großstädten gekommen ist, so hat darin vielfach echte Jugendnot ihren Ausdruck gefunden, die uns Erwachsene zu der Frage veranlassen sollte, ob hier nicht auch eigenes Versagen sichtbar wurde. 'Langeweile und Geltungsbedürfnis', – das war das Schlußurteil einer örtlichen Untersuchung. Die erwähnten Vorgänge entspringen also letztlich wohl dem inneren Unbefriedigtsein der beteiligten Jugendlichen, das seinen tieferen Grund oft in einer ungenügenden geistigen und sittlichen Führung durch Eltern und Erzieher hat.

Es ist notwendig, daß wir als Erwachsene dem Jugendlichen ein Vorbild geben. Es kann nicht zweifelhaft sein, daß die Auswüchse, die sich im Zusammenleben der Erwachsenen vielerorts zeigen, wie z.B. die Rücksichtslosigkeit im Straßenverkehr, die übersteigerte Vergnügungssucht und der Leichtsinn im Geldausgeben Mitursachen der erwähnten Vorgänge gewesen sind. Unerläßlich ist weiter, daß dem Jugendlichen ein Ziel gegeben wird, für das er sich nach Feierabend begeistern kann und für das er seine Kräfte einsetzen kann. ... Es führt zur seelischen Verkümmerung und Trostlosigkeit, wenn die Jugend ihre Freizeit vorwiegend zur zum Kinobesuch, zum Radiohören und Fernsehen und zum bloßen Zusehen bei Sportveranstaltungen benutzt" (1956, S. 321).[49]

4.8 „Luxusverwahrloste Jugendliche"

Während sich die beiden skizzierten Gruppen vor allem aus männlichen Jugendlichen aus den unteren sozialen Schichten (Arbeiterjugend) rekrutieren, meint die Zuschreibung „luxusverwahrlost" in den fünfziger Jahren vor allem Jugendliche, die „unter einem Übermaß an materiellen Gütern" und als „übersättigte, verwöhnte Muttersöhnchen" heranwachsen (Müller 1959). Beklagt wird, daß Verwahrlosung und Kriminalität immer mehr Kinder und Jugendliche aus „guten", äußerlich intakten Familien betrifft. Busemann (1955) unterscheidet Kinder und Jugendliche mit sog. „Luxurierungsformen" (einem Übermaß an Pflege, Bindung und Liebe) und „Kümmerformen" (einem Mangel an Pflege, Zuwendung). Auf dem Hintergrund von gesellschaftlichen Diagnosen wie „Wirtschaftswunder", „schnellebiger Zeit", Orientierung an „materiellen Gütern", „Eltern, die keine Zeit haben", wird die angebliche „Verwilderung der Jugend"

49 In den weiteren Ausführungen fordert Schröder zu Beschäftigungen wie „selbst musizieren, ein gutes Buch lesen, aktiv Sport treiben, wandern, basteln" auf.

in Fachzeitschriften und in der Tagespresse wiederholt beklagt. So heißt es beispielsweise:

> „Wie ein schlechter Kriminalroman liest sich ein Bericht über jugendliche Banden in H. Nach langer Fahndung konnte die Kriminalpolizei dort die Urheber von über 200 Straftaten ermitteln, lauter Jugendliche. Anführer der einen Bande war die 15jährige Ilse, die ihre 8 Mittäter, alles Jungen von höchstens 16 Jahren, von Beutezug zu Beutezug geführt hatte. Genau wie Ilse und ihre Bande kam auch die zweite Bande aus besten Kreisen. Alle Mitglieder standen in Arbeit und verdienten Beträge, die weit über den Durchschnitt hinausgehen.
> Fünf Burschen im Alter von 15 bis 18 Jahren und ein 18jähriges Mannequin wurden im Dezember 1958 in M. festgenommen. Die Bande hatte etwa 30 schwere Diebstähle verübt. Der Schaden wurde auf über 3000 DM geschätzt. Die fünf Burschen, die ausschließlich aus begüterten Familien stammten, gingen tagsüber ihrer Arbeit nach, während der Nachtzeit verübten sie ihre Diebstähle, bei denen das Mannequin 'Schmiere' stand" (Müller 1959, S. 134).

Als Diagnoseversuche für solche Entwicklungen gibt es in der jugendpädagogischen Diskussion vielfältige Hinweise. Dazu gehören insbesondere: Übermaß an Luxus und Wohlstand wirken moralisch gefährdend; fehlende Tugenden und Erfahrungen wie „Opfer und Verzicht"; Kinder und Jugendliche werden mehr von der „Straße und Altersgenossen" als vom Elternhaus geprägt; Berufstätigkeit beider Eltern, wobei die „Mutter vorwiegend für Kleiderluxus und Vergnügen arbeitet";

Glück der Kinder wird in materiellen Gütern (Lebensstandard) und nicht in „echter elterlicher Liebe“ (Zeit, Verstehen, Betreuung und Beaufsichtigung) gesehen; „Lebenshunger“ wird vor allem von „Kino, Kleiderluxus, Sensationssport, Taschengeld, zügelloser Freiheit und Konsumhunger künstlich gesteigert“; „innere Einsamkeit und Leere“. Der „luxusverwahrloste Jugendliche“ wird als Opfer seiner eigenen Erziehung und familiären Verhältnisse gesehen. Einerseits sei er von den Eltern materiell verwöhnt, andererseits hätten die Eltern keine Zeit für „liebevolle und strenge“ Zuwendung). Die Erwachsenengeneration wird als „Eltern-ohne-Zeit“ typisiert.

In der sozialpädagogischen Diskussion gibt es mehrere Hinweise, mit denen die „gefährliche Isolation“ und „Verwilderung“ von Jugendlichen durchbrochen und „häusliche Erziehungsfehler“ korrigiert werden sollen. Vorgeschlagen werden insbesondere: „sinnvolle Zucht und Strafe, Güte und Strenge in gerechter Mischung als Mittel der Erziehung“, „Eltern als Vorbilder“, „Erziehung durch Partnerschaft und Autorität sowie das Vorbild des Vaters“, „echte elterliche Liebe und moralische Erziehung“. Dazu wird die „Erziehung und Bildung der Eltern“ im Rahmen von „Eltern-Spielschulen“, Wochenendtagungen und Elternkursen angeregt. Für die „Unverbesserlichen“ und die „schweren Fälle“

werden durchgreifende Maßregeln diskutiert; dazu gehören „straff ausgeübte Schutzaufsicht", Fürsorgeerziehung oder Jugendstrafe, die als Ersatz- und Nacherziehung verstanden werden.

5. Resümee

Die Geschichte der Wahrnehmung von „Jugend-Gewalt" bewegt sich in Öffentlichkeit und Politik zwischen „Gleichgültigkeit und höchster Alarmbereitschaft" (König): zwischen einem tiefen Erschrecken über den signalisierten „besorgniserregenden inneren Zustand" der Jugend und der beruhigenden Versicherung, daß so etwas nicht neu und als Ausdruck von entwicklungsbezogenen „Sturm- und Drangperioden", jugendkulturellen Milieubildungen und jugendpsychologischer Entwicklungsphase schon immer vorgekommen sei.

In der Diskussion über Ursachen und Entstehungszusammenhänge wird sukzessive Abschied genommen von monokausalen Erklärungen, die sich vor allem aus anthropologisch-biologisch dominierten Wissenschaftsrichtungen (Anlage- bzw. Konstitutionstheorie) oder sozial-kulturellen Verallgemeinerungen speisen, auch wenn deren Ansprüche nach wie vor in der „Anlage – Milieu – Diskussion" eine große Rolle spielen. Der „biologisch-organische Bezug auf Faktoren" wird relativiert und ergänzt durch eine komplexe, sozial-kulturelle Betrachtungsweise, die auf eine große Anzahl von biographischen, psychodynamischen und sozialen Variablen (Milieutheorie) und deren Interdependenz setzt. Unangepaßtes Verhalten wird als Lernprozeß, als Ergebnis von sozialen Interaktionsprozessen (Symbol und Botschaft) von „Generationseinheiten" mit der Gesellschaft und deren Desintegrationsprozessen, deren Normen, Regeln und Zumutungen verstanden. In die Ursachendiskussion werden gesellschaftstheoretische, soziologische und psychoanalytische (-dynamische) Erkenntnisse sowie mentale Prägungen einbezogen. Aber die Einsichten bleiben bescheiden, und die Ursachenforschung verbleibt vielfach bei allgemeinen Erörterungen; es werden summarisch Faktoren und Typisierungsversuche von jugendkulturellen Ausdrucks- und Bewegungsweisen wiederholt, die eher eine wertend-kulturkritische (-pessimistische) denn wissenschaftliche Perspektive haben. Eine systematische Auseinandersetzung mit Reichweiten (Stärken) und Unzulänglichkeiten von soziologischen Theorien zum „abweichenden Verhalten" findet nicht statt; ebenso fehlen systematisierende Differenzierungen etwa nach „aberranten" (abweichenden), „nonkonformen" und „rebellischen" Verhaltensweisen, wie sie Merton (1938) in der us-amerikanischen Soziologie vorgeschlagen hat.[50]

---

50 Einen breiten Überblick über die Theoriediskussion zum abweichenden Verhalten gibt Cohen (1968).

Empirisch ungesicherte, allgemein wertende Aufzählungen, Vereinfachungen und Beschwörungsformeln finden sich vor allem in Anklagefiguren, die sich an die Eltern, das Versagen der Familie und die Freizeitnutzung richten. Angeprangert werden die „Verführungsangebote" für Kinder und Jugendliche, auch hier dominiert eine antimodernistische und zivilisationskritische bzw. -pessimistische Sichtweise. Der Hinweis aus der Erwachsenengeneration auf „ungünstige, schädigende Momente" wird konkretisiert mit zivilisations- und kulturkritischen Begriffen wie „moderne Zivilisationsgifte" (Muchow), zu denen „Radio, Kino, Fernsehen, Comic Strips, Illustrierte, Zeitschriften, Massensport, Alkohol, aufdringliche Reklame im Fernsehen" gezählt werden. Sie werden als Ursachen für abweichendes Verhalten, Aggressivität, Brutalität, Gewalt, Akte des Vandalismus und Jugendkriminalität in der öffentlichen Diskussion klischeehaft wiederholt, ohne das dies empirisch belegt wird.

Die Frage nach den Ursachen von „sozialen Störungen" und die Auseinandersetzung mit Milieufaktoren (Milieutheorie) bezieht sich vor allem auf drei „Hauptgruppen": die Unzulänglichkeiten der Familie, die Mängel der Schule, die Unzulänglichkeiten und Mängel von „Spezialinstitutionen" (insb. Jugendpflege, -schutz, Fürsorgeerziehung, Beratung), die dazu bestimmt sind, Abhilfe zu schaffen. Dabei steht die Familie an erster Stelle. Die „schädlichen Wirkungen" werden vor allem

„in einem Strukturmangel im Aufbau der Familie, in Mängeln der Persönlichkeit der Eltern oder eines Elternteiles, in der falschen Behandlung der Kinder, in Erziehungsfehlern“ (Schneider 1950, S. 142) lokalisiert. Aichhorn spricht von „Milieuverwahrlosten bzw. Pseudo-asozialen“ (1959) und unterscheidet in psychoanalytischer Perspektive: die Schicksale von Kindern und Jugendlichen, die „aufsichtslos, von den Eltern nicht beachtet, ohne Identifizierungsperson“ aufwachsen; die Schicksale, für die es durch häufigen Wechsel (Pflegefamilien), „keine Zeit für Identifizierungen“ gab; die Verwahrlosten, die durch die Werteerziehung ihrer Eltern „aus der Gesellschaft ausgeschlossen“ werden (1959, S. 100). König betont die sozialisierende Bedeutung von jugendlichen Subkulturen und informellen Gruppen, die Einübung von abweichendem Verhalten, von Rollen und Normen, das Leben am Rande der Gesellschaft. „Dies um so mehr, als die Reichweite der Familie heute ungemein geschrumpft ist, so daß sehr häufig, speziell in den wirtschaftlich untersten Gruppen, die Kinder- und Jugendlichenbande zu einem eigentlichen 'Familienersatz' wird, in dem die Kinder und Jugendlichen jene Unmittelbarkeit der Kommunikation und der gemeinsamen Bewegung im Raum erfahren, die sie in der Familie vermissen. Aber es sei darauf hingewiesen, daß sich diese Entwicklung nicht nur mit einer defizienten Familie anbahnt, sondern ebenso häufig auch mit einer 'überorganisierten' Familie, in der Kinder gewissermaßen an der natürlichen Emanzipation und Abnabelung von der Familie vor ihrem selbständigen Eintritt in die Erwachsenenwelt verhindert werden" (1974, S. 8).

Die mehr allgemeinen und verkürzten Darstellungen und Interpretationen sind sowohl mit erzieherischen als auch mit repressiven Forderungen und Maßnahmen verknüpft: hartes Vorgehen mit Polizei und Strafrecht, um die Einordnung in die Gesellschaft zu erzwingen, oder mit einer „sozialen Ätiologie" (Glogauer), die für Verständnis der Motive und Wünsche von Jugendlichen werben. Diese werden in zeitgenössischen psychodynamischen Formulierungen ausgedrückt als „überschäumende jugendliche Lebenskraft", „Gärung, Unfertigkeit der jungen Menschen", „Ausdruck von Enge", als Geltungsbedürfnis, Unzufriedenheit und Langeweile. Gefordert werden in Erziehung und Jugendarbeit „notwendiges Entgegenkommen" für eine entwurzelte Jugend durch (sozial)pädagogische Maßnahmen, zu denen Räume/Orte, Erlebnis/Abenteuer, Vertrauen und Zuwendung gehören.

Der verbreiteten pädagogischen Ratlosigkeit in der Erziehung, die „ziellos verfährt, weil sie kein verpflichtendes Leitbild besitzt" (Weinstock 1957, S. 147), wird versucht im Kontext der Modernisierungsprozesse eine Konzeption entgegenzusetzen, die „Freiheit und Verantwortung" – in der Tradition eines realen Humanismus – verknüpft. „Das Leitbild ist der Mensch, der sich selbst bemüht, in Verantwortung für die ihm anvertrauten Sachen, für die ihm anbefohlenen Personen und für sein ihm aufgegebenes Selbst gewissenhaft sein Leben zu führen" (Weinstock 1957, S. 148).

Interpretationen und „Ratschläge" bleiben dem – gleichzeitig gehaltvollen und begrenzten – zeitbezogenen pädagogischen, jugendpsychologischen und -soziologischen Erkenntnis- und Reflexionsstand verhaftet, der bei aller Differenziertheit eines aber kaum als Perspektive in den Blick nimmt: Die historisch jeweils konkreten, durchaus ambivalenten Formen von auffälligen, aufsässigen, provokanten „Jugendrebellionen" und jugendkulturellen Äußerungen aus den unteren sozialen Schichten sind an die jeweiligen krisenhaften Produktions- und Lebensbedingungen, die vielschichtigen sozialen und kulturellen Desintegrationssprozesse einer (städtischen) Industriegesellschaft sowie deren Folgen (z.B. als Zustand der Anomie) gebunden. Es fehlen Erklärungsansätze, die sich auf mentale, verhaltensprägende Einflüsse durch Schlüsselerfahrungen (-ereignisse) in der kritisch-formativen Phase des Jugendalters sowie deren Verarbeitung auf die Spannungen im Generationenverhältnis, die „jugendliches Protestpotential" produzieren, beziehen (Herrmann 1993 S. 99 ff.) Die nonkonformen, auffälligen, abweichenden, politisch-subkulturell-oppositionellen Verhaltensweisen und Erscheinungsformen sind Gesellungsformen und Milieubildungen von Jugendlichen, die damit ihre Lebenssituation und ihr Lebensgefühl generationsspezifisch ausdrücken, der Gesellschaft und dem politischen, sozialen und kulturellen System mitteilen. So ist denn auch der Einschätzung von König zuzustimmen, der in der kritischen Beobachtung des Problems der Jugendkriminalität aus soziologischer und sozialpsychologischer Perspektive resümiert: „Die ältere Soziologie war in ihrem Verhalten dieser Einstellungen der heutigen öffentlichen Meinung nicht unähnlich, indem sie sich speziell an einzelnen dramatischen Aspekten der modernen Industriegesellschaft entzündete: Pauperismus, überfüllte Wohnungen, Alkoholismus und Drogensüchtigkeit, Prostitution, Sexual- und Gewaltverbrechen sowie Jugendkriminalität, Selbstmord und Ehescheidungen waren beliebte Themen, die anhand eines mehr oder weniger hilflosen Inventars an soziologischen oder besser quasi-soziologischen Kategorien variiert wurden" (1974, S. 2).

Literatur

Achinger, H., 1962: Das Spannungsfeld der Generationen, in: Vier Vorträge: Die Situation unserer Jugend, Frankfurt/M.

Aichhorn, A., 1925: Verwahrloste Jugend, Leipzig

Ders., 1959: Erziehungsberatung und Erziehungshilfe, Stuttgart

Albertin, L., 1992: Jugendarbeit 1945. Neuanfänge der Kommunen, Kirchen und politischen Parteien in Ostwestfalen-Lippe, Weinheim und München

Bals, C., 1962: Halbstarke unter sich, Köln/Berlin

Bayerisches Staatsministerium für Unterricht und Kultus, 1956: Denkschrift zur Problematik des Halbwüchsigen, unveröffentlichtes Manuskript, München

Bednarik, K., 1953: Der junge Arbeiter von heute – ein neuer Typ, Stuttgart

Benz, W./Pehle, W.H. (Hrsg.), 1994: Lexikon des deutschen Widerstandes, Frankfurt

Bernfeld, S. 1913: Das akademische Comité für Schulreform, in: ders., Sämtliche Werke, Band 2, Jugendbewegung und Jugendforschung (hrsg. von U. Herrmann), Weinheim und Basel 1994, S. 33 f.

Ders. 1917: Ein Institut für Psychologie und Soziologie der Jugend, in: ders., Sämtliche Werke, Band 2, Jugendbewegung und Jugendforschung (hrsg. von U. Herrmann), Weinheim und Basel 1994, S. 222-260

Ders., 1928: Zur „Sittenlosigigkeit" der Jugend, in: ders., Sämtliche Werke, Band 2, Jugendbewegung und Jugendforschung (hrsg. von U. Herrmann), Weinheim und Basel 1994, S. 334-338

Ders., 1935: Über die einfache männliche Pubertät, in: ders., Sämtliche Werke, Band 1, Theorie des Jugendalters (hrsg. von U. Herrmann), Weinheim und Basel 1991, S. 231-255

Blücher, V. G., 1956: Freizeit in der industriellen Gesellschaft, Stuttgart

Bödecker, W., 1961: Autoritätsbildung in einer Klasse verwahrloster „Halbstarker", in: Die Deutsche Schule, Heft 4, S. 167-187

Bondy, C., 1926: Die jugendliche Verbrecherbande als psychologisches und sozialpädagogisches Problem, in: Die Erziehung, Leipzig, Heft 3, S. 146-159

Ders./Eyferth, K., 1952: Bindungslose Jugend. Eine empirische Studie über Arbeits- und Heimatlosigkeit, München und Düsseldorf

Ders./Braden, J./Cohen, R./Eyferth, K., 1957: „Jugendliche stören die Ordnung“: Bericht und Stellungnahme zu den Halbstarkenkrawallen, München

Bornemann, E., 1958: Jugendprobleme unserer Zeit, in: Psychologische Rundschau, Göttingen, Heft 2, S. 77-104

Bühler, Ch., 1925: Das Seelenleben des Jugendlichen. Versuch einer Analyse und Theorie der psychischen Pubertät, Jena

Busemann, A., 1955: Geborgenheit und Entwurzelung, Ratingen

Ders., 1956: Beiträge zur Pädagogischen Milieukunde, Berlin

Ders./Böttcher, H., 1964: Der Jugendliche und seine Freizeit, Göttingen

Classen, W., 1906: Großstadtheimat. Beobachtungen zur Naturgeschichte des Großstadtvolks, Hamburg

Ders. (Hrsg.), 1918: Clemens Schultz. Gesammelte Schriften eines Jugendpflegers, Berlin

Cohen, A. K., 1961: Kriminelle Jugend. Zur Soziologie jugendlichen Bandenwesens, Reinbek

Ders., 1968: Abweichung und Kontrolle, München

Ders., 1974: Kriminelle Subkulturen, in: Soziologie der Jugendkriminalität, Sonderheft 2 der Kölner Zeitschrift für Soziologie und Sozialpsychologie (6. Auflage), Opladen, S. 103-117

Darga, E., 1955: Versagt die politische Erziehung?, in: Bildung und Erziehung, Frankfurt/M, Heft 11, S. 658-666

Dehn, G., 1922: Großstadtjugend, Berlin

Deutsches Jugendinstitut (Hrsg.), 1982: Die neue Jugenddebatte. Was gespielt wird und um was es geht: Schauplätze und Hintergründe, München

Die Neue Gesellschaft, 1956: Heft 5, Bielefeld, S. 389f.

Dietz, J., 1956: „Die Halbstarken", ein Bankrott der Erziehung?, in: Die Deutsche Berufs- und Fachschule, Wiesbaden, Heft 10, S. 768-770

Dudek, P., 1990: Jugend als Objekt der Wissenschaften, Opladen

Ehrhardt, J., 1929: Die Lage der gefährdeten und verwahrlosten Großstadtjugend in Deutschland nach dem Kriege, Genf

Ders., 1930: Cliquenwesen und Jugendverwahrlosung, in: Zentralblatt für Jugendrecht und Jugendwohlfahrt, Heft 12, S. 413-418

Ergebnisse einer Repräsentativbefragung der Hörerforschung des Nordwestdeutschen Rundfunks, 1955: Jugendliche heute, München

Fritz, M./Hafeneger, B./Krahulec, P./Thaetner, R., 1990: „... und fahrn wir ohne Wiederkehr". Ein Lesebuch zur Kriegsbegeisterung junger Männer (Band 1: Der Wandervogel), Frankfurt

Fröhner, R., 1956: Wie stark sind die Halbstarken? Beruf und Berufsnot, politische, kulturelle und seelische Probleme der deutschen Jugend im Bundesgebiet und in Westberlin, Bielefeld

Gerson, W., 1957: Zur Erscheinung der Halbstarken, in: Zentralblatt für Jugendrecht und Jugendwohlfahrt, Heft 2, S. 37-41

Glogauer, W., 1956: Neue Wege zur Behebung der Jugendkriminalität, in: Bildung und Erziehung, Frankfurt/M, Heft 10, S. 604-610

Goldbeck, E., 1926: Die Welt der Knaben, Berlin

Haarmann, H., 1916: Werdende Männer in der Großstadt, Cassel

Hafeneger, B./Fritz, M., 1993: Sie starben für Führer, Volk und Vaterland. Ein Lesebuch zur Kriegsbegeisterung junger Männer (Band 3: Die Hitlerjugend), Frankfurt

Hartmann, H., 1925: Fürsorge für männliche jugendliche Wanderer vom Standpunkt der Jugendfürsorge, Karlsruhe

Heilfurth, G. (Hrsg.), 1952: Jugend ohne Geborgenheit, Berlin

Heiß, R., 1912: Der radikale junge Mensch, in: Die Erziehung, Leipzig, Heft 12, S. 381-386

Herrmann, U., 1993: Das Konzept der „Generation", in: ders, (Hrsg.), Jugendpolitik in der Nachkriegszeit. Zeitzeugen – Forschungsberichte – Dokumente, Weinheim und München

Hetzer, H., 1956: Verstehen wir die werktätige Jugend unserer Zeit?, in: Lebendige Schule, Frankfurt/M, Heft 7, S. 401-414

Hilligen, W., 1958: Die Jugend verlangt nach Orientierung, in: Gesellschaft – Staat – Erziehung, Stuttgart, Heft 1, S. 20-26

Hopmann, E., 1931: Der Begriff der Verwahrlosung in der Rechtssprechung des Kammergerichts, in: Zentralblatt für Jugendrecht und Jugendwohlfahrt, Berlin, Heft 2, S. 89-92

Jugendführer des Deutschen Reiches (Hrsg.), 1941: Kriminalität und Gefährdung der Jugend, Berlin

Kaiser, G., 1959: Randalierende Jugend. Eine soziologische und kriminologische Studie über die sogenannnten „Halbstarken", Heidelberg

Ders., 1958: Die kriminalpolitische Bedeutung der „Halbstarken-Delikte", in: Zentralblatt für Jugendrecht und Jugendwohlfahrt, Heft 3/4, S. 57-69

Kerschensteiner, G., 1900: Wie ist unsere männliche Jugend der Entlassung aus der Volksschule bis zum Eintritt in den Heeresdienst am zweckmäßigsten für die bürgerliche Gesellschaft zu erziehen?, in: Jahrbücher der Königlichen Akademie gemeinnütziger Wissenschaften (Heft XXVI), Erfurt

Klönne, A., 1984: Jugend im Dritten Reich. Die Hitler-Jugend und ihre Gegner, Köln

Kluth, H. u.a., 1955: Arbeiterjugend gestern und heute, Heidelberg

Ders., 1956: Die „Halbstarken" – Legende oder Wirklichkeit, in: deutsche jugend, Heft 11, S. 318-324

König, R., 1974: Einige Bemerkungen zur Stellung des Problems der Jugendkriminalität in der allgemeinen Soziologie, in: Soziologie der Jugendkriminalität, Kölner Zeitschrift für Soziologie und Sozialpsychologie, Sonderheft 2 (6. Auflage), S. 1-11

Kortzfleisch, S. von, 1957: Frühformen einer jugendlichen Bande, in: Psychologische Rundschau, Göttingen, Heft 3, S. 190-194

Krüger, H.-H., 1986: „Es war wie ein Rausch, wenn alle Gas gaben". Die „Halbstarken" der 50er Jahre, in: Deutscher Werkbund e. V. (Hrsg.), Schock und Schöpfung, Neuwied, S. 269-274

Körber von, L., 1955: Verirrte Jugend, Berlin

Landis, P. H., 1952: Adolescence and Youth. The Process of Maturing, New York

Lessing, H./Liebel, M., 1981: Wilde Cliquen, Bensheim

Merton, R. K., 1938: Social Structure and Anomie, in: American Sociological Review, III, S. 672-682

Mewes, B., 1929: Die erwerbstätige Jugend. Eine statistische Untersuchung, Berlin und Leipzig

Mitscherlich, A., 1947/48: Aktuelles zum Problem der Verwahrlosung, in: Psyche (Jg. 1947/48), Stuttgart, S. 102 ff

Muchow, H.-H., 1950: Flegeljahre, Ravensburg

Ders., 1952: Stimmt unser Bild von der Jugend eigentlich noch?, in: Unsere Jugend, Heft 2, S. 41-46

Ders., 1956: Zur Psychologie und Pädagogik der Halbstarken, Teil I bis III, in: Unsere Jugend, Heft 9, 10 und 11

Müller, W., 1959: Öffentliche Erziehungsmaßnahmen für gefährdete und gestrauchelte Jugend, in: Recht der Jugend, Heft 9, S. 133-134

Nohl, H., 1927: Charakteristik der Reifezeit, in: Die Erziehung, Jg. 1927, S. 129-141

Ohder, C., 1992: Gewalt durch Gruppen Jugendlicher, Berlin

Pelle, L., 1955: Jugend ohne Obdach, in: Zentralblatt für Jugendrecht und Jugendwohlfahrt, Heft 3, S. 61-64

Ders., 1957: Jugendliche unter den Nichtseßhaften, in: Zentralblatt für Jugendrecht und Jugendwohlfahrt, Heft 9, S. 221-225

Peukert, D., 1983: Die „wilden Cliquen" der zwanziger Jahre, in: Breyvogel, W. (Hrsg.), Autonomie und Widerstand, Essen, S. 66-77

Ders., 1984: „Die Halbstarken", in: Zeitschrift für Pädagogik, Heft 4, S. 533-548

Ders., 1986: Clemens Schultens „Naturgeschichte des Halbstarken", in: Deutscher Werkbund (Hrsg.), Schock und Schöpfung, Neuwied, S. 391-393

Pipping, K. u.a., 1954: Gespräche mit der deutschen Jugend, ein Beitrag zum Autoritätsproblem, Helsingfors

Popert, H., 1905: Helmuth Harringa, Dresden

Pross, H., 1957: Gemeinplätze zur Jugendfrage, in: Die Neue Gesellschaft, Heft 2, S. 119-123

Reimann, G., 1955: Verderbt, Verdammt, Verraten? Jugend in Licht und Schatten, Stuttgart

Roessler, W., 1957: Jugend im Erziehungsfeld, Düsseldorf

Roth, H., 1955, Autoritär oder demokratisch erziehen?, Stuttgart

Schelsky, H., 1957: Die skeptische Generation. Eine Soziologie der deutschen Jugend, Düsseldorf und Köln

Ders., (Hrsg.), 1952: Arbeitslosigkeit und Berufsnot der Jugend, (2 Bände), Köln

Ders., (Hrsg.), 1955: Arbeiterjugend. Gestern und heute, Heidelberg

Ders., 1958: Die Stellung der Jugend in der modernen Gesellschaft, in: Schriften zur Volksbildung des Bundesministeriums für Unterricht, Wien, S. 19-27

Schüler-Springorum, H./Sieverts, R.: 1963: Sozial auffällige Jugendliche, München

Schmitt-Sasse, J., 1985: „Der Führer ist immer der Jüngste". Nazi-Reden an die deutsche Jugend, in: Koebner, T. u.a. (Hg.), „Mit uns zieht die neue Zeit". Der Mythos Jugend, Frankfurt, S. 128-149

Schneider, F., 1950: Die Jugendverwahrlosung und ihre Bekämpfung, Salzburg

Schröder, G., 1956: zitiert nach: Zentralblatt für Jugendrecht und Jugendwohlfahrt, Heft 12, S. 321f.

Seifert, M., 1987: Jugendlicher Fundamentaldissens in Industriesystemen, Dissertation an der Erziehungswissenschaftlichen Hochschule Rheinland-Pfalz (unveröffentlicht)

Spranger, E., 1928 (10. Auflage): Psychologie des Jugendalters, Leipzig

Stern, W., 1925: Anfänge der Reifezeit, Leipzig

Steyer, J., 1956: Die Halbstarken? Gedanken zu einem Zeitproblem unserer Jugend, in: Schule und Psychologie, München/Basel, Heft 11, S. 348f.

Schubert-Weller, C., 1993: Hitlerjugend, Weinheim und München

Schultz, C., 1912: Die Halbstarken, Leipzig

Ders., 1903: Die Vereinigung St. Paulianer Lehrlinge (in„Jugendclubs"), Berlin

Ders., 1904: Die Vereinigung St. Paulianer Lehrlinge in Hamburg-St. Pauli, in: Schriften der Centralstelle für Arbeiter-Wohlfahrtseinrichtungen (Nr. 23), Jugendklubs. Leitfaden für Begründer und Leiter von Jugendvereinigungen, Berlin, S. 1-18

Többen, H., 1927: Die Jugendverwahrlosung und ihre Bekämpfung, Münster

Tumlirz, O., 1952: Die Jugendverwahrlosung, Graz/Wien

Weinstock, H., 1957: Erziehung ohne Leitbild, in: Der Evangelische Erzieher, Frankfurt, Heft 6, S. 147f

Welter, E.-G., 1961: Die Sprache der Teenager und Twens, Frankfurt/M.

Wilfert, O., 1958: Dynamik der jugendlichen Komplicengemeinschaft, in: Jahrbuch für Psychologie und Psychotherapie, München, Heft 9, S. 375-381

Zulliger, H., 1958: Jugendliche und Halbstarke. Ihre Psychologie und Führung, Zürich und Stuttgart

Ders., 1961: Horde – Bande – Gemeinschaft, Stuttgart